Contraste insuffisant

NF Z 43-120-14

VOYAGE LITTÉRAIRE

DE

DOM GUYTON

EN

CHAMPAGNE

(1744-1749)

4981

Publié pour la première fois d'après le manuscrit autographe conservé à la Bibliothèque
nationale.

PARIS

H. CHAMPION, LIBRAIRE

DE LA SOCIÉTÉ DE L'HISTOIRE DE PARIS

—

1889

La publication du *Voyage littéraire de dom Guyton en Champagne* a été commencée par M. Ulysse Robert, qui en a donné les cinq premières feuilles environ. Appelé à des fonctions qui absorbent la plus grande partie de son temps et chargé de la direction du nouveau *Catalogue général des manuscrits des bibliothèques publiques de France* publié par le Ministère de l'Instruction publique, il a dû interrompre la publication du *Voyage* de dom Guyton, mais avec l'espérance de la reprendre plus tard. Pour donner satisfaction à la légitime impatience des érudits champenois qui attendaient la fin de cet intéressant ouvrage, M. le comte Edouard de Barthélemy l'a repris au point où l'avait laissé M. Ulysse Robert et il a eu le bonheur de pouvoir le terminer peu de temps avant la catastrophe qui l'a enlevé à l'affection de sa famille et de ses amis.

VOYAGE LITTÉRAIRE

DE DOM GUYTON EN CHAMPAGNE

Des richesses artistiques et littéraires accumulées pendant
plusieurs siècles dans les monastères de l'ancienne France, que
reste-t-il aujourd'hui ? Quelques débris qui sont les plus beaux
ornements de nos musées, de nos bibliothèques et de nos dé-
pôts d'archives ; le plus souvent rien, pas même des inventaires ! Aussi comprenons-nous l'empressement que l'on met de
toutes parts à publier les rares catalogues des bibliothèques
d'autrefois et l'état des trésors qu'une coupable indifférence a
laissé perdre ou qu'un aveugle fanatisme a détruits. Nous
nous estimons heureux, après tant et de si grandes pertes, de
posséder des ouvrages tels que le *Voyage littéraire de deux
bénédictins*, de dom Martène et de dom Durand, et l'*Iter litte-
rarium in Alsatiam et Lotharingiam*, de dom Ruinart, véri-
tables galeries où nous pouvons contempler ce que les abbayes
du nord et de l'est de la France possédaient de plus remarquable comme manuscrits, inscriptions, tableaux, reliquaires et
objets d'art de toutes sortes.

Un autre document de ce genre, d'un mérite et d'une utilité
incontestables, c'est le voyage de dom Guyton en Champagne et
dans les pays adjacents, pendant les années 1744, 1746 et
1749. Ce voyage n'avait pas un but purement littéraire, comme
ceux des savants bénédictins dont nous venons de parler.
Guyton avait surtout pour mission de visiter les monastères
de l'ordre de Cîteaux et de s'enquérir de leur situation maté-
rielle et morale. Mais il était homme de goût ; il aimait et
connaissait les manuscrits et appréciait à leur juste valeur les
objets d'art. C'est pourquoi le bibliophile et l'antiquaire font
souvent tort au visiteur ; si Guyton constate de temps à autre
que, dans les monastères cisterciens, la discipline laisse à dé-
sirer, il paraît le faire un peu par acquit de conscience. Mais
avec quelle complaisance il décrit les tombeaux, les inscrip-

tions, les tableaux, les statues et les anciens ornements d'église ! comme il sait distinguer les précieux manuscrits qu'il trouve sur sa route, particulièrement à Igny, à Ourscamp, à Jouy, à Quincy et à Signy ! Quels efforts ne fait-il pas pour les acquérir à la bibliothèque de Clairvaux, au dépôt que son amour pour les livres lui a fait confier !

Guyton, après avoir été régent de philosophie à Signy, de 1709 à 1711, comme il nous l'apprend lui-même dans son manuscrit [1], devint sacristain et bibliothécaire de Clairvaux. C'est dans l'exercice de ses fonctions, en 1741, qu'il dressa l'inventaire du trésor de cette abbaye, qui a été récemment publié par M. l'abbé Lalore dans le livre intitulé : *Le Trésor de Clairvaux du XII° au XVIII° siècle* [2]. Ce travail suffirait déjà pour tirer de l'oubli le nom de Guyton, mais son *Voyage en Champagne* doit être mis au nombre des ouvrages les plus utiles et des mieux faits en ce genre. Il est, pour la Champagne, un excellent complément au livre de dom Martène et de dom Durand, qui, sauf de rares exceptions, ne visitaient guère que les abbayes bénédictines. Aussi l'importance du manuscrit de dom Guyton n'avait pas échappé à M. l'abbé Lalore. Dans son Introduction aux *Chartes de l'abbaye de Mores* [3], il a publié la partie du Journal de Guyton relative à cette abbaye. Nous n'avons malheureusement sur la vie de l'auteur du *Voyage en Champagne* d'autres renseignements que ceux que nous venons de donner. Trop modeste, sans doute, il n'a pas voulu nous faire entrer dans le secret de son existence. Mais, à son insu, il s'est dépeint dans son journal ; bon religieux, laborieux, éclairé et jaloux de la gloire de son ordre, tel il devait être.

La *Relation de voyage* de dom Guyton, — c'est le titre exact de son manuscrit, — est dans le n° 23,474 du fonds français de la Bibliothèque nationale, autrefois n° 52 du fonds Bouhier. C'est un in-folio de 270 feuillets, dont les treize premiers et les six derniers contiennent des notes tout-à-fait étrangères à ses voyages. La relation commence au folio 14. Du folio 136 au folio 207 est une copie de la Chronique de Sigebert de Gembloux, qui était dans un des manuscrits de Signy. Nous ne la reproduirons pas ici. L'orthographe de Guyton est assez irrégulière ; cela tient sans doute à ce qu'il n'a pas revu son manus-

1. Fol. 19.
2. In-8°, Troyes, imp. Brunard, 1875.
3. Page VIII.

crit ; nous la donnerons telle qu'elle est. Nous désirons que ce précieux document puisse jeter quelque jour sur les anciennes richesses des abbayes champenoises ; nous souhaitons surtout qu'il assigne à son auteur la place qu'il mérite d'avoir parmi les érudits du siècle dernier.

Ulysse ROBERT.

RELATION DE VOYAGE

Le lundy, onzième du mois de may mil sept cent quarante quatre, sur la commission donnée par monsieur notre très révérend abbé de Clairvaux [1], l'un des quatre premiers Pères [2] de l'ordre de Cisteaux, à monsieur le révérend abbé de Marcilly [3] de visiter régulièrement dans la province de Champagne les maisons ou monastères de sa jurisdiction, et soumis à son église de Clairvaux, auquel il m'auroit marqué pour adjoint, nous serions partys à cheval l'un et l'autre, suivis du domestique du dit révérend abbé de Marcilly, aurions pris la route de Joinville, passans par Colombé les Deux-Eglises [4], par Blaise [5], où nous aurions dîné, par Leschères [6], et aurions soupé et couché dans Joinville [7], au logis de la *Cloche d'Or*. L'église collégiale du château est propre, curieuse pour son thrésor en reliques et mausolées ; le château, pour ce qu'il renferme d'antique, qui regarde la maison des princes et princesses de Guise.

Le lendemain, douxième, nous arrivames sur le soir à la ville de Bar-le-Duc, lieu de naissance du dit révérend abbé de Marcilly. Nous y restames chez monsieur son père, docteur en médecine, le mécredy et le jeudy, fête de l'Ascension de Notre Seigneur ; nous y célébrames la sainte messe dans la petite

1. Pierre Mayeur, du 6 juillet 1740-1760.
2. Les trois autres « premiers Pères » étaient les abbés de La Ferté, Pontigny et Morimond.
3. Dom Macuson, comme on peut le voir au folio 41 du ms.
4. Département de la Haute-Marne, arrondissement de Chaumont, canton de Clefmont.
5. Département de la Haute-Marne, arrondissement de Chaumont, canton de Vignory.
6. Département de la Haute-Marne, arrondissement de Vassy, canton de Doulevant.
7. Département de la Haute-Marne, arrondissement de Vassy, chef-lieu de canton.

église des religieuses de Saint-Augustin de la réforme de monsieur de Mattincour [1]. Il y a ville basse, où nous étions, et ville haute, où se faisoit l'ouverture d'une mission fondée nouvellement par le roy de Pologne, Stanislas [2], duc de Lorraine et de Bar, dont le fond est de dix sept cent mille livres ; nous assistames à la prédication que fit le père de Menou [3], jésuite, dans la ville haute dans le cours de la grand'messe, à l'issue de l'évangile, laquelle fut très solide, pleine d'onction et pressante par la nécessité du salut, et prononcée avec beaucoup de suffisance. Après vespres, nous entendimes à la ville basse, celle du père Pichon [4], jésuite, homme zélé et apostolique. Ces missionairs jésuites, sont le P. de Menou qui en est le supérieur, le P. Rousselot, le P. du Changé, le P. Massoulier, le P. Danton, le P. Pichon, le P. Grangier, le P. Sauvage, le P. Guillenin et le P. Bouillard. Il y a dans Bar un chirurgien nommé Viard, qui est homme d'esprit.

Le vendredy, quinzième jour du dit mois de may, nous partimes et arrivames sur les dix heures à l'abbaye de Sainte-

1. Le B. Pierre Fourier, né à Mirecourt, le 30 novembre 1565, et mort à Gray, le 9 décembre 1640 ; curé de Mataincourt, réforma les chanoines réguliers de la congrégation de Notre-Sauveur de Lorraine et institua les religieuses de la congrégation de Notre-Dame.

2. Stanislas Ier Leszczynski, né à Léopol, le 20 octobre 1677, mort à Lunéville, le 23 février 1765. Roi détrôné de Pologne, il prit possession des duchés de Lorraine et de Bar, le 3 avril 1737, et mérita d'être surnommé *le Bienfaisant* à cause des institutions utiles dont il dota ses nouveaux États.

3. Joseph de Menoux, né à Besançon, le 14 octobre 1695, mort à Nancy, le 6 février 1766. En relations avec Voltaire, quoique jésuite ; prédicateur ordinaire du roi Stanislas et membre des Académies de Nancy et des Arcades de Rome. On a de lui : *Notions philosophiques des vérités fondamentales de la religion, ouvrage didactique d'un ordre nouveau*, dont la 7e édition fut publiée à Nancy, 1758, in-8° ; — *Heures du chrétien, à l'usage des missions* ; Nancy, 1741, in-12; — *Discours prononcé en 1753 à la séance publique de la Société littéraire de Nanci* ; ibid., 1753, in-4°, traduit en italien par ordre du pape Benoît XIV. On lui attribue : *Coup d'œil sur l'arrêt du Parlement de Paris concernant l'institut des Jésuites* ; Avignon, 1761, in-8° ; — un poème latin intitulé : *Aucupium, carmen*, inséré dans le t. IV des *Poemata didascalica*. Il a fourni plusieurs pièces au *Recueil de l'Académie de Nanci* et a collaboré aux ouvrages du roi Stanislas.

4. Jean Pichon, né à Lyon, en 1683, mort à Sion dans le Valais, le 5 mai 1751. Jésuite depuis 1697, prédicateur et directeur des missions de Lorraine, il publia l'*Esprit de Jésus-Christ et de l'Église sur la communion fréquente*, 1745, in-12, ouvrage qui fut condamné. Exilé à Mauriac, il quitta la France et devint grand-vicaire et visiteur général du diocèse de Sion. — Les pères jésuites dont il est parlé plus bas sont tout-à-fait inconnus

Hoïlde [1], où nous vismes en bonne santé madame de Maucourant abbesse, très-louable pour le bien qu'elle a fait et fait
continuellement au spirituel et temporel, au dedans et au
dehors de sa maison. Nous y trouvames notre maître dom
Beuscher, vénérable vieillard de quatre vingt cinq ans, ancien
prieur de l'abbaye de Trois-Fontaines, où il fait sa résidence
et où il a fait tant de bien pendant plus de quarante années
qu'il l'a gouvernée avec sagesse, droiture, paix et tout désin-
téressement ; le père confesseur, dom Hoquet, prêtre religieux
de Moutiers, y étoit incommodé d'hydropisie, et avoit un père
récolet du voisinage pour suppléement.

Nous partimes du dit Sainte-Hoïlde après midy, et fumes
coucher à l'abbaye de Moutiers en Argonne [2] dont nous remar-
quames que l'église n'a point de clocher et n'en a jamais eu, à
ce que disent les religieux.

Cette abbaye nous parut belle dans les dedans. Le lendemain
accompagnés de dom de la Morre, dépensier jusqu'à Sainte-
Menehoud [3] où nous dinasmes et où il nous quitta pour retourner à Moutiers, nous arrivames, au moyen d'un guide, à
l'abbaye de la Challade [4], dont les abords sont fort difficiles,
serrés dans les bois et dangereux pour chute de cheval, y sé-
journames le saint dimanche dix sept du dit mois, et visitames
la maison qui est assez bien bastie. Il y a sept religieux, sçavoir :
dom Benoist Drouin, profès de Cheminon, prieur ; dom Maherenne, souprieur ; dom Simon Colsson ; dom Joseph Renard ;

1. Sainte-Hoïlde ou Sainte-Hould, abbaye de femmes, de l'ordre de Cîteaux, à deux lieues à l'ouest de Bar-le-Duc, fondée vers 1230 par Henri
II, comte de Bar, et par sa femme Philippe Le Gallia christiana, t. XIII,
col. 1122, ne mentionne pas madame de Maucourant parmi les abbesses, dont
les deux dernières, qui figurent dans le catalogue, sont Marie-Thérèse Bon-
jour, élue le 19 octobre 1716, et N... du Prat encore en fonctions en 1779.
— Sainte-Hoïlde fait aujourd'hui partie du département de la Meuse, arrondissement de Bar-le-Duc, canton de Revigny, commune de Bussy-la-Côte.
2. Moutiers-en-Argonne, abbaye située au diocèse de Châlons, près de
Sainte-Menehould, et fondée en 1434, fut d'abord un monastère de chanoines réguliers et dès 1144 un monastère de l'ordre de Citeaux. — Moutiers
est aujourd'hui compris dans le département de la Meuse, arrondissement
de Vitry, canton d'Heiltz-le-Maurupt, commune de Possesse.
3. Sainte-Menehould, département de la Marne, chef-lieu d'arrondissement.
4. La Chalade, au diocèse de Verdun, fut fondée vers 1127 par Wautier,
comte de Vienne, et par Gui, plus tard abbé de Trois-Fontaines. C'est
aujourd'hui une commune du département de la Meuse, arrondissement de
Verdun, canton de Varennes.

dom Claude Chevresson, curé et bibliothécaire[1]; dom Antoine Durseus, de Boheries, dépensier, et frère Joseph Scorrion. Le sous-prieur est aussy procureur. On travailloit à l'église à enlever beaucoup de décombres et butin. Il y a au chœur ancien, douze siéges ; ceux de l'abbé pour la messe et pour vespres sont différens de celui du prieur qui est tout semblable aux autres[2]. J'y ay remarqué pour le tableau de l'autel dans la nef, qui est derrière la place de l'abbé, un saint Bernard peint sur toile, qui me paroit bon et ressemblant à ceux qu'on croit originaux, le capuchon attaché au colet de la cuculle, la couronne entière, la barbe un peu longue, le visage maigre. Derrière le grand autel, on y voit un écriteau qui porte[3] :

AUX PRESTRES ALLANS A L'AUTEL

Vous que le Dieu vivant consacre à ses louanges
Sortez de ce lieu saint aussy purs que des anges
Et tout brulans d'amour, approchez des autels.
Jesus Christ vous appelle au terrible mystère
Où cet agneau sans tache offre encore à son père
Le sang qu'il a versé pour sauver les mortels.

Il y a une petite bibliotèque où les œuvres de saint Bernard *in-folio*, de l'édition d'Horstius[4], ont au premier feuillet une image particulière de saint Bernard, qui a une espèce de mantelet par dessus les bras et un visage tout différend de ceux qu'on ait encore vu. Les archives à côté du dortoir, à l'orient et au midy, sont bien rangées.

La sacristie d'en haut est joignante. On y conserve la machoire inférieure de saint Sébastien, avec l'autentique en parchemin fort long et large, où le pape Clément N. atteste la relique véritable.

Plus une table d'un pied en quarré, garnie au dedans et au couvercle d'une étoffe rouge, sur laquelle plusieurs lignes

---

1. En marge on lit : La cure est bien desservie. Il y a 300 communians.
2. En marge on lit : Siéges de l'abbé distingués.
3. En marge on lit : Prière avant de monter au saint autel, qui est appellée *Tabulotum* dans les cartes de visites de nos abbés de Clairvaux, pour être collée sur une tablette au sanctuaire.
4. Il y a eu huit éditions des Œuvres de S. Bernard par Horstius ; la première a été publiée à Cologne en 1641, en deux vol. in-folio ; la dernière a été publiée à Paris en un vol. in-folio en 1672.

réglées, qui montrent différentes reliques et inscriptions dessus ; plus un ossement de sainte Agnès ; plus un ossement de sainte Pétronille et plusieurs autres ensemble ; plus un petit reliquaire en forme de coffre qui renferme un ossement assées considérable, enveloppé avec la ceinture, dit-on, de sainte Marguerite dans un taffetas verd sur lequel est écrit : *Ossemens d'une des XI mille vierges*, avec la ceinture de sainte Marguerite, que j'ay vuë. Le logis abbatial occupé par un fermier est devant les fenêtres du dortoir ; le réfectoir est à la place du chapitre ; la cour des religieux est grande et vaste ; dans le vestibule de cette cour au cloître, il y a une chambre pour dom procureur. Monsieur le révérend abbé de Marcilly étoit logé auprès, par le cloître ; j'avois une chambre au dessus ; le jardin est grand et spatieux ; il y a des petits jardins aux particuliers religieux. Il y avoit pour lors dans la Challade plusieurs marchands de bois, entre lesquels un parent de notre dom Lejeune ; autour de la Challade sont plusieurs verreries[1] où on fait des bouteilles ; il n'y a pas d'orgue dans l'église de la Challade.

Abbaye de Chehery

Le lendemain lundy, dix huit de may, sommes partys accompagnés du dit dom Maherenne, souprieur et procureur de la Challade, et sommes arrivés vers les onze heures du matin à l'abbaye de Chehery, d'où dom prieur avoit envoyé au devant de nous son domestique, qui nous trouva à une demie lieuë dudit Chehery[2]. Nous y avons fait la visite régulière. Cette maison est composée de dom Martin Vincent de Saint-Ignon, profès de Clairvaux, prieur ; de dom Camuset, procureur et souprieur ; dom Poietevin, profès d'Igny, ancien curé de Cornait[3], qui y a pour successeur dom Rizaucourt auquel la maison de Chehery donne le vestiaire et autres choses ; et de dom Augier, dépensier et curé, qui a pour paroissiens les commensaulx et fermiers, faisans environ cent communians

1. Il y a encore une verrerie à Lachalade.
2. Chéhéry, abbaye fondée en 1147 par le chapitre de Reims entre Montfaucon et Grandpré, à six lieues de Verdun. Ce lieu fait aujourd'hui partie du département des Ardennes, arrondissement de Vouziers, canton de Grandpré, commune de Châtel-Chéhéry.
3. Cornay, département des Ardennes, arrondissement de Vouziers, canton de Grandpré.

avec les gens de la forge ; il confère même le baptême et fait toutes autres fonctions curiales. L'abbaye peut avoir, dit on, pour les religieux cinq à six mille livres. Les gages des domestiques y sont forts. Elle n'est pas bastie. L'abbé commendataire est monsieur de la Garlaye [1], comte de Lyon, aujourd'huy évêque de Clermont, qui a deux cent livres de décimes. L'abbaye est fondée par messieurs du chapitre de Reims en 1144 ; elle en porte les armes qui sont une croix, et au dessous du croison une fleur de lys de chaque côté. Il n'y a pas d'orgues. L'église est peu de chose ; une chapelle sert de sacristie et de chapitre ; au pied du degré du sanctuaire, où le célébrant dit l'introïte, est une longue tombe de pierre sous laquelle est enterré, dit on, le dernier abbé régulier. Il est représenté en sculpture carée, de sa longueur, en habit monachal, la couronne un peu large, son capuchon abbattu en derrière ; la partie qui couvre les épaules et la poictrine est assées courte, et est par dessus la coulle ; les mains jointes, la crosse soutenuë du bras droit, la tête nuë sans mitre, ses armoiries de côté et d'autre. Vis à vis les épaules autour de sa teste, on lit : *O mater Dei, memento mei*, et au bas de ses genoux, au dessus des pieds, ce qui suit en cinq lignes : *Cy gist Révérend père en Dieu, frère Adam Lambin, natif de Verdun, en son vivant abbé de céans qui morut l'an mil V[e] et quarante cinq, le quatorze de février. Priés Dieu pour son ame.*

Dans le cloitre de complies, près de l'église, on voit une pierre incrustée dans la muraille, qui a en longueur et largeur un pied en quarré. Elle porte la figure d'un convers, qui n'a pas de chaperon. Il a un collet haut autour du col. Sa robbe descend à my jambes. Il a les cheveux crépus assées longs ; il est planté sur un piédestal, au devant duquel sont comme des armoiries qui représentent un cœur pour écusson, sur lequel est un chevron ; au haut une roue de chaque côté ; au dessous un croissant. J'ai vû la cellule de dom Camuset, procureur, des plus malpropres et crasseuses ; il y a une cheminée. Le dortoir est joly, proprement lambrissé.

Dans l'église, au pied de la croix de cuivre du grand autel qui a ses six chandeliers, sont gravées les armes de saint Bernard, et autour est gravé aussy : 1676. *Elect. D. P. Bouchu, abb. Cler.* 47 : dom Pierre Bouchu, quarante septième abbé

1. François III Marie Lemaistre de la Garlaye, évêque de Clermont, du 24 février 1743 à 1776.

de Clairvaux, reconnoissant par le présent et quelques livres qu'il donna à l'église, et à la bibliotèque de l'abbaye de Chehery, les soins que les prieur et religieux de cette maison avoient eus de sa personne pendant quelque séjour que les douleurs de goutte qui l'y prirent pendant sa visite régulière, l'obligèrent d'y faire un peu de temps.

La Chartreuse du Mont-Dieu

Le vendredy, 22 du dit mois de may, nous partimes de Chehery accompagnés de dom Saint-Ignon, prieur, pour aller au Mont-Dieu [1]. Nous disnames à Brieul sur Bar [2] assées frugalement. Le logis a pourtant de bon vin. L'église est belle, propre, nette, bien décorée; grillage de fer qui sépare le chœur. On remarque sur la route de Brieul au Mont-Dieu un grand, vaste et beau chateau : c'est Scye [3], apartenant à madame la comtesse de Mercy, niepce de feu notre confrère dom Simon Martinet, de bonne mémoire ; elle l'a vendu nouvellement et la terre trois cent mille livres ; c'est à une demie lieuë du Mont-Dieu.

Nous arrivames à cette chartreuse sur les quatre heures. Le père prieur étoit absent, n'étoit pas de retour du chapitre général. Nous fumes bien reçus, bien accueillis et bien traités par les pères procureur et coadjuteur et dans le cloitre par le père vicaire. Le père sacristain conserve avec beaucoup de soin et de piété dans un petit coffre fermant à clef, une chasuble antique de saint Bernard; étole dont la croix est en dedans, *cingulum ejus; zona ejus;* autre ceinture sur ses habits; amict, et aube au bas de laquelle, devant et derrière, est une broderie de laine de la longueur et largeur d'environ huit poulces. Nous n'avons pas vu la fontaine de saint Bernard, ny sa chambre, où il y a un portrait du saint, que l'on dit avoir

---

1. La Chartreuse du Mont-Dieu fut fondée en 1130 par Eudes, abbé de S. Remi de Reims. Ce qui en reste a été converti en une maison de campagne entourée de fermes. — Le Mont-Dieu est aujourd'hui compris dans le département des Ardennes, arrondissement de Sedan, canton de Raucourt.
2. Département des Ardennes, arrondissement de Vouziers, canton du Chesne.
3. Sy, département des Ardennes, arrondissement de Vouziers, canton du Chesne.

été trouvé bon par feu monsieur l'abbé de Louvois [1], grand vicaire de Reims, nommé à l'evesché de Clermont. Cette maison est belle, propre, bien ordonnée ; l'apartement du P. prieur est grand ; grande salle, même double pour la bibliotèque [2] ; cloitre d'une grande étendue ; chapitre, réfectoir, tout y est beau et bien entretenu.

Signy l'Abbaye

Le lendemain samedy, 23 may, veille de la Pentecôte, nous primes congé des pères chartreux, après avoir ouy la sainte messe à la chapelle de la porte, que célébra le père procureur à cinq heures, à laquelle assistèrent les convers et tous les domestiques avec beaucoup d'édification ; disnames fort mal à Belle Aire [3], près du grand chemin ; après avoir passé de fort mauvais chemins depuis Chehery et depuis le Mont-Dieu, arrivames avec dom prieur de Chehery à l'abbaye de Signy [4].

Cette maison est grande, belle dans son église, dortoir, chapitre, cloitre, salles, réfectoir, jardins, greniers, etc. L'église est très haute et spatieuse, voutée partout, sinon le sanctuaire. Le chœur et les siéges sont anciens, fort larges. Le chœur des novices est encore enfoncé, comme autrefois partout. La place de l'abbé pour vêpres est distinguée de celle du prieur [5]. Il y a trente siéges au chœur de chaque côté, non compris ceux du bas chœur. On voit dans l'église sur le grand autel six reliquairs en forme de coffre, bois d'ébène, garnis au dehors de plaques d'argent ouvragées, et de pierreries en dedans sous un verre. Dans l'un desquels est comme un gros crâne, l'étiquet : *Sanctus Laurentius presbyter et martyr de*

---

1. Camille Le Tellier, abbé de Louvois, quatrième fils de François-Michel Le Tellier, né le 11 avril 1675 et mort à Paris, le 5 novembre 1718. Prieur de S. Belin, abbé de Bourgueil et de Vauluisant, garde de la Bibliothèque du Roi, grand vicaire de Reims, membre de l'Académie française, de l'Académie des sciences et de l'Académie des Inscriptions et nommé à l'évèché de Clermont en 1717.

2. En marge on lit : Pulpitre singulier dans la bibliotèque sur lequel on peut mettre quatre volumes ensemble qui se présentent successivement par le roulement du pulpitre.

3. Belair est un écart de la commune de Neuvizy, département des Ardennes, arrondissement de Rethel, canton de Novion-Porcien.

4. L'abbaye de Signy, fondée en 1135 sous l'inspiration de saint Bernard, fut supprimée au moment de la Révolution. De sa belle église et de ses magnifiques bâtiments, il ne reste plus rien.

5. En marge est écrit : Siége de l'abbé au chœur distingué.

collegio undecim millium virginum ; *iste in Colonia fuit decollatus*, et autres. Dans un autre, un os en travers assez long : *De sociis sanctorum martyrum Gereonis et Mauritii*, et quatre autres. Dans un autre, un os long d'un doigt : *Gereonis et Mauritii; de capite sancti Gerardi quondam prioris Signiacensis de quercu mambre* (sic), et trois autres : autre reliquaire, un gros os ; relique de saint Gérard, et quatre autres ; autre, un os en travers assez long : *De sociis sanctorum martyrum Gereonis et Mauritii : de capite sancti Bernardi abbatis sancti Theodorici prope Remos;* une grande belle croix en filigramme ; une autre de beau crystal, petit portrait de saint Bernard chez dom Robin, au milieu d'une découpure : au bas, sont les quatre vers :

> *Bernard fut fécond en miracles*
> *Tout obéyssoit à sa voix :*
> *Ses conseils étoient des oracles*
> *Pour les pontifes et les roys.*

Dans le cloitre, sous une arcade dans la muraille du côté du chapitre et proche l'escalier de l'église, on voit un tombeau fort élevé, que l'on croit être du B. Guillaume, abbé de Saint-Thierry, grand amy de saint Bernard, dont il a composé le premier la vie, se retira à Signy et s'y fit moine. Dans le cloitre devant le chapitre, on voit deux tombes sans inscriptions. Chapitre beau, vouté, large et profond ; on y voit dans toute la largeur, de front et au devant de la place du supérieur et des anciens, de belles tombes de fondateur et d'abbés, qui seroient faciles à lire, mais nous n'en eumes pas le temps. Dans les années 1709, 1710 et 1711, que j'ay demeuré à Signy régentant la philosophie, le chapitre servoit aux exercices réguliers, tous les jours à l'issuë de primes ; aujourd'hui il est fermé à clef, bouché par des planches, on y réserve des tonneaux, échelles, etc [1]. Au haut du sanctuaire, du côté du midy, sont peintes les armes de saint Bernard et celles de Signy.

La sacristie est aujourd'hui de plein pied à l'église, fort longue parce qu'elle comprend la place où on serroit les livres pour les lectures communes qui se faisoient anciennement dans les cloitres; la porte en étoit dans le cloitre; elle subsiste pour un endroit ménagé sous la sacristie qui, outre les fenestres au levant et au midy, en a une au couchant qui donne

---

1. En marge on lit : Le chapitre prophané.

dans le cloître. Il y a bien des ornemens et fort propres qu'on tient dans les armoires derrière le chœur de l'abbé.

Du cloître à l'église on monte vingt trois marches ; de l'église au dortoir, on en monte vingt sept, et du cloître au dortoir cinquante six. Ce dernier escalier se partage après la première montée, en deux côtés au milieu du dortoir, sur lequel on voit encore une grosse machine de fer à roues et à clochettes qui n'y sont plus, et servoit de réveil pour l'office de nuit ; il paroit qu'il y manque peu de chose, mais peut être n'en trouveroit on pas le secret. Le lieu qu'on appelle la petite école subsiste, cy devant du temps de dom Nicolas Delaon, docteur de Sorbonne, prieur de Signy en 1700 ; il y faisoit la classe et il y avoit une chaire de lecteur. La salle sous le dortoir à deux rangs de pilliers est fort belle par sa voute élevée, sa longueur et ses jours ; une petite salle voisine, voutée, un pillier au milieu, sert aujourd'huy de réfectoir ; l'ancien chauffoir sert depuis longtemps de cuisine.

Suit l'ancien réfectoir long, vouté et qui a une porterie et entrée assez belle. Au dessus, la figure sculptée en pierre de la Sainte Vierge tenant son enfant Jésus ; à sa droite, un clerc à genoux ; à gauche, un ange ; à côté et au dessous, les douze apostres en petite figure, six de chaque côté, deux à deux. Au dehors de la porterie, sur un pilastre ou colonne, une statue de chaque côté, de hauteur plus grande que celles des apostres. Beaux greniers voutés, les uns planchés, les autres carrelés. Les cloîtres sont voutés, élevés, longs, larges, les arcades bien ouvragées. Les archives sont au dessus de la sacristie, bien voutées dessus et dessous.

Le petit dortoir est commode pour infirmerie, anciens classe et apartement du prieur, qui joint la bibliotèque, qui est propre, rangée et bien conditionnée[1]. Les jardins sont grands et beaux ; plusieurs terrasses : allées de charmilles ; petits jardins pour les particuliers. Au bout est une brasserie complette.

Les religieux ont depuis quelques années le logis abbatial, dont ils font le logis des hôtes, assées commode. Le logis de l'abbé, monsieur d'Harcourt[2], doyen du chapitre de Paris, est

1. Il en sera parlé plus loin.
2. Louis-Abraham, abbé d'Harcourt, troisième fils de Henri I⁰ʳ, duc d'Harcourt, et de Marie-Anne-Claude Brulart de Genlis.

éloigné de l'abbaye, beau dans son avenuë, dans ses batimens, dans les vuides et jardins.

Les religieux qui composent la communauté sont : dom
Pennet, docteur de Sorbonne, savoyard de nation, profès de
l'abbaye d'Aulpx (François-Amédée), prieur et régent d'hu-
manités ; dom Charles Robin, ancien ; D. Antoine Cousin, de
la Rivour ; D. Jean-Baptiste Jacquinot, de la Valroy ; dom
Jacques Deheppe, d'Igny ; dom Pierre Naquart, de Clairvaux,
sous-régent, prêtres ; frère Antoine Fleury, de Sainte-Marie ;
Jean-Valentin Jobart, de Trois-Fontaines ; François-Gaspard
Branché, de Foigny ; François André, de Buzay ; Chrétien
Rigoley, de Moutiers ; Charles-Augustin du Four, du Gard ;
Nicolas Bechet, de Chehery ; Jean-Jacques Audenet, de Si-
gny, tous quatorze composans la dite communauté. Le curé
de la paroisse et village de Signy est dom Nicolas Bérard, de
Moutiers, homme sage et régulier.

L'ancien prieur dom Dufestel, profès de Froidmond, docteur de Paris, a gouverné Signy pendant plus de trente ans, y
fait du bien, à ce qu'on assure, pour plus de trois cent mille
francs, s'est retiré dans la cure de Draize [1], première habita-
tion des religieux de Signy, et fait les fonctions de bon pasteur. Dom Pennet, prieur, nous a offert ce qui suit, par copie
signée de luy : *Extractum ex codice manuscripto monasterii
Signiacensis in diœcesi Rhemensi, in quo legitur : Chronicon
Sigeberti monachi Gemblacensis, et pauca scripta sunt de fundatione ejusdem monasterii. Quæ autem de ipsa leguntur, sic
de verbo ad verbum incipiunt. Venerabilis pater sanctus Bernardus, abbas Clarevallis, aliquando ad partes territorii Portuensis veniens, principibus ejusdem terræ, videlicet Anselmo,
comiti de Rabodimonte, et Henrico, comiti castri Portuensis, et
Clarembaldo, domino Rosetensi, et Radulpho, domino de Fur-
no, promisit quod quantum de possessionibus suis eidem ad
construendum cœnobium conferrent, tantum spatium in cœlesti
patria possiderent. Qua promissione præfati principes freti,
prompte et large de suis possessionibus ad fundandum Signia-
cense cœnobium contulerunt. Anno igitur incarnati verbi millesimo centesimo tricesimo quarto, tertio decimo calendas aprilis, venerabilis pater Humbertus, abbas Igniaci, vir totius sa-*

1. Département des Ardennes, arrondissement de Rethel, canton de
Chaumont-Porcien.

*nctitatis, de mandato sancti Bernardi duodecim monachos ele-
git de conventu Igniacensi præficiens eis abbatem dominum
Bernardum, qui cum esset canonicus regularis in monasterio
sancti Auberti Cameracensis, præ desiderio artioris vitæ, sese
Igniacum contulerat, virum scilicet strenuum et prudentem.
Hoc autem extractum concordat cum originali. In cujus rei
fidem nos frater Franciscus Amedeus Pennet, Pariensis, doctor theologus, et prior Signiacensis subsignavimus.*

Fr. Pennet.

Cy devant nous allions dans Signy à deux heures à l'office
de nuit, aujourd'huy c'est environ cinq heures [1]. Nous chantions
la messe et les vêpres chaque jour, étant dix religieux; mais
on trouve que c'est trop pour quatorze; on les chante les dimanches et fêtes, seulement.

Il y a une orgue; mais on n'en touche pas, parce qu'il est
gasté, et on croit qu'il en couteroit pour le réparer mil écus ou
quatre mil francs, que la maison n'est pas en état de placer
à une chose superfluë et de nouvelle invention. Au chœur de
vêpres près de la forme et siége de l'abbé on lit un imprimé
en cadre de bois, qui est la fondation par l'abbaye de Signy,
de celle de Bonnefontaine.

De l'autre côté, près la place du prieur, un cadre long, de
bois qui renferme un imprimé dont copie s'ensuit [2] : *Dedica-
tio Ecclesiæ Signiacensis anno Domini millesimo quingentesimo
decimo quinto, vicesima quarta aprilis. Universis præsentes
litteras inspecturis : Joannes Dei et sanctæ sedis apostolicæ
gratia episcopus Berithensis, universitati vestræ notum faci-
mus quod vos ex permissione et authoritate reverendissimi in
Christo Patris et Domini Domini Roberti, miseratione divina archiepiscopi ac ducis Remensis, Franciæ paris, et sanctæ
sedis apostolicæ legati nati, ecclesiam beatæ Mariæ de Signiaco
Remensis diœcesis, et majus altare in eadem ecclesia, ad omnipotentis Dei et gloriosissimæ virginis Mariæ, ac sancti Bernardi confessoris laudem et honorem, juxta nostræ sanciæ et
secundum ritum et consuetudinem matris Ecclesiæ, cooperante
nobis sancti Spiritus gratiâ, dedicavimus et consecravimus.*

1. En marge on lit: Heure d'office de nuit changée,
2. En marge on lit : Dédicace de l'église de Signy en 1515 seulement.

Cupientes igitur ut ecclesia ipsa de Signiaco congruis frequen-
tetur honoribus et a Christi fidelibus jugiter veneretur, ac in
suis structuris et ædificiis debite manuteneatur et conservetur,
librisque, calicibus, ornamentis ecclesiasticis laudabiliter deco-
retur, fulciatur et muniatur, in eâ quoque divinus augeatur
cultus, omnibus et singulis Christi fidelibus utriusque sexus
vere pœnitentibus et confessis, qui ecclesiam ipsam in ejusdem
beatissimæ virginæ Mariæ et dicti sancti Bernardi, nec non
dedicationis ecclesiæ prædictæ festivitatibus et diebus, a pri-
mis vesperis usque ad secundas vesperas adunatim devote visi-
taverint, et ad præmissa perrexerint manus adjutrices, pro
singulis festivitatibus, sive diebus prædictis quibus id fecerint,
quadraginta dies autoritate et permissione præfati reveren-
dissimi Domini, quibus fungimur in hac parte, et alios qua-
draginta dies autoritate nostra et omnipotentis Dei misericor-
dia, ac beatorum Petri et Pauli apostolorum ejus autoritate
confisi, de injunctis eis pœnitentiis misericorditer in Domino
relaxamus. Volumus autem diem et festum dedicationis hujus-
modi in dicta ecclesia in crastino festi sanctorum apostolorum
Philippi et Jacobi, mensis videlicet maii die secundâ solemni-
ter celebrari, præsentibus, perpetuis, futuris temporibus
duraturis. In quorum omnium et singulorum fidem et testimo-
nium præmissorum, præsentes litteras per secretarium infra
scriptum subscribi sigilliquo vicariatus ipsius reverendissimi
Domini fecimus communiri. Datum ubi supra anno Domini
millesimo quingentesimo decimo quinto, mensis aprilis die
vigesimâ quartâ. Sic signatum F. Cunelli, canonicus et secre-
tarius Remensis, apostolica et imperiali notarius autoritati-
bus.

Abbaye de Bonnefontaine

Nous restames pendant cinq jours francs dans l'abbaye de
Signy que nous employames à y faire la visite régulière et le
vendredy vingt-neuvième jour de may en partimes après midy,
avec dom Pennet, prieur, qui nous accompagna jusqu'à l'église
et paroisse de Marlemont [1], d'où nous continuames notre chemin à l'abbaye de Bonnefontaine [2], où nous arrivames sur le
soir, et fumes bien reçus du père prieur et de ses religieux,

1. Marlemont, département des Ardennes, arrondissement de Rocroy,
canton de Rumigny.
2. Bonnefontaine, abbaye fondée en 1152, par Nicolas, seigneur de Rumigny. — Ce lieu fait aujourd'hui partie de la commune de Blanchefosse, Ardennes, arrondissement de Rocroy, canton de Rumigny.

eumes le loisir de voir la maison qui est neuve, belle dans l'église, bien ornée dans son sanctuaire, ses staulx du chœur, sacristie, reliques et ornemens; cloitres, salle et logis d'hôtes; réfectoir, et bibliotèque en forme, d'où le père prieur voulut bien tirer un exemplaire d'un des tomes de la Bibliotèque des Pères de Cisteaux [1] composée par un de ses prédécesseurs, dom Bertrand Tissier [2], et m'en faire don à ma prière pour notre maison de Clairvaux, où ce tome manquoit. Le dortoir, comme la bibliotèque, est au midy sur les jardins qui sont beaux et en terrasses.

Il y a six religieux, sçavoir : dom du Buquoy, prieur; dom Remy Pastoureau; dom Choisy; dom Couthil; dom Foret, et dom.... procureur, qui étoit à Paris. Dans le vestibule d'entrée de la grande cour au cloitre, le procureur y a une chambre.

On y va à deux heures à matines; il y a dans l'église des tombeaux des comtes de Roucy; grillage de fer qui sépare le chœur de la nef; le logis de l'abbé est dans la cour sur la gauche, éloigné de l'église; il n'y a pas d'orgues.

Abbaye de Foigny [3]

Le lendemain samedy 31e du dit mois de may, sur les dix heures du matin arriva un exprès à cheval de la part du prieur de Foigny, avec une lettre par laquelle il nous faisoit bonnêteté et nous marquoit l'attendre à notre visite. Sur les une heure après midy, nous partimes de Bonnefontaine accompagnés du père prieur, ayans pour guide le dit exprès, garde des bois de Foigny, où nous nous rendimes sur les quatre à cinq heures. Nous crumes que toutes les cloches qu'on y sonnoit étoient pour vespres de la très sainte Trinité; il y eut aussy plusieurs descharges de mousqueterie, et entrans dans la cour de l'abbaye

1. En marge on lit : 7e et 8e tomes de la Bibliot. des Pères de Cisteaux.
2. Dom Bertrand Tissier, religieux cistercien, né vers 1610, à Rumigny, mort vers 1670. Profès à Bonnefontaine; prieur et réformateur de cette abbaye. On a de lui : *Assertiones theologicæ*, Charleville, 1647, in-4°; Bonnefontaine, 1670, in-4°; — *Disputatio theologica in jansenia dogmata*, Charleville, 1651, in-4°; — *Bibliotheca patrum cisterciensium*, Bonnefontaine et Paris, 1660-691 8 vol. in-fol. Dom Tissier préparait une édition des *Œuvres de saint Bernard* et les *Sermons* de Godefroi, abbé de Cîteaux.
3. Foigny, abbaye fondée en 1121, par Barthélemy, évêque de Laon. S. Bernard y envoya douze religieux et un abbé. — Foigny fait aujourd'hui partie du département de l'Aisne, arrondissement et canton de Vervins, commune de la Bouteille.

nous vismes nombre de fuseliers rangés le long de la muraille
du batiment. Le père prieur descendit au dehors, vint nous
faire civilité, nous introduisit au vestibule du logis des hôtes [1],
où nous trouvames la comunauté de ses religieux, revêtuë,
comme luy, de la coulle pour nous témoigner leur joye. Nous
y fismes régulièrement la visite pendant les premier, second,
3e, 4e et cinquieme jours du mois de juin, dans l'un des quels
notre confrère de Clairvaux, dom Charles Thiellin, curé de
Landouzy-la-Ville [2], vint nous inviter d'aller chez luy, et nous
y dinames. L'abbaye de Foigny est bien scituée, bien batie,
belle dans son église que l'on finissoit de blanchir totalement ;
beau sanctuaire, bien boisé, paré de plusieurs belles châsses
de saintes reliques ; derrière le grand autel est la tombe du
B. Barthelemy, évêque de Laon [3], moine ensuite de Foigny. La
sacristie est belle, bien boisée, et dans cette boisure on y a
pratiqué comme des bancs, à pouvoir faire de la sacristie usage
de chapitre, comme nous l'avons fait dans nos exercices de visite
régulière. On y descend de l'église par dix marches ; il y a
beaucoup de vases d'argent et reliquairs, grande quantité de
beaux ornemens de toute couleur, et de linge d'autel et d'église.
On monte du cloitre à l'église, quinze marches. La chapelle du
bienheureux Alexandre, qui est dans la croisée de l'église à
gauche en y entrant, sert de paroisse, laquelle est considérable
et est administrée régulièrement par dom Augustin Wilque,
ancien religieux et souprieur qui confesse et presche avec zèle.
Il est aussy sacristain et remplit fort bien toutes ses fonctions,
surtout celles du vray religieux qui luy sont le plus à cœur.
Derrière cette chapelle, hors de l'église, dans le cimetière, se
voit le tombeau du dit bienheureux Alexandre, fils du roy
d'Ecosse [4], qui se rendit convers au dit Foigny. Ce tombeau a la
forme au dehors d'une chapelle, bien propre et entretenuë décemment au dedans et au dehors par les soins du dit dom
Wilque. On y lit :

Icy repose le bienheureux Alexandre
Prince du sang royal d'Ecosse, frère convers
à Foigny, mort en odeur de sainteté le 4e
may 1229.

1. En marge on lit : Dans la salle des hôtes un bon portrait de M. Bouchu,
abbé de Clairvaux.
2. Landouzy-la-Ville, département de l'Aisne, arrondissement de Vervins,
canton d'Aubenton.
3. Barthélemy de Vir, évêque de Laon, de 1113 à 1150.
4. Guillaume le Lion, 1165-1214, ou Alexandre II, 1214-1249?

Desine mirari, binam si sponte coronam
Liquit Alexander. Plus favet aula Dei.

Le chœur est ancien; il y a quatorze formes de chaque côté, non comprises les trois places du dossier, et celles des novices, qui sont enfoncées d'un pied, plus bas que le reste du chœur. On pense à faire des siéges neufs; celui de l'abbé à vespres est distingué de celui du prieur [1], par la marque ordinaire presque par toutes les églises tant des séculiers que des réguliers. Il est comme fermé à droite et à gauche; celui du prieur n'y est semblable qu'en dehors. Le long de l'église on remarque quantité de trous à la hauteur d'environ vingt-cinq pieds, pour rendre l'écho [2]. Ils sont grillés afin que les chauvesouris n'y entrent; le clocher est fort beau, octogone, de pierre, tout neuf. L'horloge donne sur la grosse cloche, et les heures paroissent au dehors par un cadran attaché au clocher du côté du cloitre. Il y en a aussy un dans l'église au dessous du dit clocher pour la commodité du chœur.

Derrière la forme de l'abbé à vespres, se voit dans un tableau l'écrit qui suit :

Miracle du crucifix de Foigny reporté par un auteur contemporain.

Entre plusieurs miracles arrivez dans l'ordre de Cisteaux consacré d'une manière spéciale au culte de la sainte Vierge, en voicy un de notre temps. Un jour que le ciel extraordinairement couvert sembloit menacer Foigny, abbaye célèbre du dit ordre, d'un grand orage, qui arriva en effet, tout l'air étoit en feu. On n'entendoit que tonnerre; ce qui ayant effrayé tous les religieux, ils viennent en corps à l'église, où étans assemblés dans le chœur en voyant le péril imminent qui menaçoit le pays, et leur maison en particulier, ils entonnent unanimement à haute voix l'antienne *Salve Regina*, laquelle ayant continuée jusqu'à ces paroles : *Eia ergo advocata nostra, etc.*, voicy qu'un vent impétueux s'élevant du côté du couchant brisa toutes les vitres de l'église, de telle sorte qu'il sembloit que l'église même, quoique batie très solidement, alloit être renversée; ce fut alors que les saints religieux saisis de frayeur, se jettans la face contre terre en prononçant ces paroles: *Et Jesum benedictum, etc.*, le crucifix, qui étoit suspendu entre le chœur des religieux et celui des frères convers,

---

1. En marge est écrit : Place de l'abbé distinguée.
2. En marge est écrit : Il n'y a point d'orgues.

se retourna vers l'orient du côté du chœur des religieux, dont quelqu'uns m'ont assuré que l'image avoit ouvert les yeux; ainsi cessa leur crainte avec la tempête l'an 1229.

Cecy est tiré d'un ouvrage latin intitulé : *Bonum universale*, liv. 2. M. E. chap. 29, nombre 28 , de Chantiprez, évêque suffragant de Camb. [1].

La communauté de Foigny est composée de dix sept religieux, sçavoir : dom Claude Boillot, profès de Clairvaux, bachelier en théologie, de Paris, prieur ; dom Nicolas de la Mothe, cy devant prieur de Belleperche, ancien vénérable et exemplaire, qui depuis deux ans a perdu la vuë, et à l'âge de plus de quatre-vingts ans se rend exactement aux actes de communauté, à l'église, réfectoir; de dom Augustin, souprieur et sacristain, cy devant professeur de philosophie et de théologie, directeur de nos religieux, homme tout religieux ; dom Hyacinthe Girardot, président ; dom Pierre Fornage, curé de la paroisse; dom Remy Perigny, procureur-cellier; dom Pierre Combe ; dom François Brunet, bachelier en théologie, cy devant lecteur en philosophie et théologie; dom Guillaume Leisserschneider, bachelier en théologie, de Paris, lecteur en théologie ; dom Laurent Vautherin, dépensier et grenetier ; et dom

1. Voici le passage de Thomas de Cantimpré auquel Guyton fait allusion et que nous tirons, parmi plusieurs autres, du ms. latin 3309 de la Bibliothèque nationale, qui est un volume du *Bonum universale.*— « In ordine cisterciensi, gloriose virgini specialiter dedito, multa valde facta miracula referuntur, que nonnulli ex eis per scripta memorie tradiderunt. Nos tamen unum quod nostro contigit tempore, licet forte conscriptum sit, referamus. Fonii claustrum ipsius est ordinis nobilissimum atque ditissimum. Contigit autem ut obnubilatione celum tempestatem gravissimam minaretur, que et facta est. Ipsis ergo coruscationibus undequaque per aera secuntur et fulgura. Que ut viderunt monachi certatim ad ecclesiam confugerunt, ubi conventu in choro totaliter congregato, vident patere specialiter claustro periculum et inminere. Incoant igitur altissimis vocibus : *Salve, Regina, misericordie.* Et cum venissent ad illum locum antiphone : *Eya ergo, advocata nostra, illos tuos misericordes oculos ad nos converte,* subito vehementissimus ventus ab occidente veniens cum horribili fragore tonitru fenestras ecclesie vitreas cum tanto impetu totaliter dissipavit, ut ecclesia firmissime solida corruere videretur. Nec mora; ubi in tanto discrimine sacer conventus flexit genua et illa verba antiphone cantavit : *Et Jhesum benedictum fructum ventris tui nobis post hoc exilium ostende benignum,* statim ymago crucifixi que media stabat inter chorum monachorum et chorum conversorum fratrum, conversa ad orientem versus chorum monachorum reflexa est. Et ut mihi a monachis dictum est, contra naturam picture oculos aperuit, et mox omnis timor, sublata tempestate, cessavit, » etc. Fol. 62, vº.

Legoux, prisonnier ; frère Joseph Anatoyle Paget, acolythe ; frère Joseph Grandjean ; frère Augustin Dollé ; frère François Maury ; frère Joseph Pannart, sous-sacriste ; et frère Jérosme Vasseur, tous acolythes et étudians en théologie, faisans avec les prestres le nombre de dix sept ; outre frère Jacques Rousseau, séculier, engagé et donné à la maison depuis des années, qu'il y sert en qualité de charpentier.

Cette abbaye est belle, très belle dans son dortoir, ses cloitres, réfectoir, escaliers, salles et logis d'hôtes, cuisine, jardins, cours ; clocher hardy, beau, solide, tout cela par les soins et travaux de feu dom Huot, dernier prieur, dont nous avons reconnus les services et attentions dans notre charte de visite. Il est inhumé dans la nef, et sa tombe porte : *Hic jacet in loculo R. D. Thomas Huot domus hujus per annos 20, emeritus prior. Hac in ædificanda et ornanda pene tota, totus ipse fuit. Defunctus anno 1742, die 31. Augusti. Requiescat in pace.*

La salle en haut sur les salles des hôtes, au midy, se prépare ; elle sera belle ; il y a déjà beaucoup de livres tant chez dom prieur, dom sous-prieur, qu'à la procure, dans le cloitre et autres lieux[1].

L'infirmerie aussy est commode, et sera plus belle par la suite. L'église de Landouzy, desservie par le dit dom Thiellin, est des plus propre, des mieux rangée et fournie et ressent partout la piété et la religion de son pasteur, bon confesseur de Jésus-Christ.

Dom Duchastel est curé de la Bouteille[2], aussy près de Foigny ; il a du zèle pour son église[3]. Il nous donna aussy à dîner fort honnêtement. Ils sont bien logés tous les deux. En conséquence du miracle cy dessus du crucifix, les religieux de Foigny depuis son événement sont dans la pratique exacte chaque

1. Des manuscrits de Foigny, trois sont à la bibliothèque de Laon ; ils portent les n°s 9,175 et 331 du fonds des mss. de cette bibliothèque. Voy. *Catalogue général des manuscrits des bibliothèques des départements*, t. I p. 60, 128 et 184.
— La Bibliothèque nationale possède aussi deux manuscrits venus de Foigny ; ils portent les n°s 15180 et 17582 du fonds latin. L. Delisle, *le Cabinet des Manuscrits de la Bibliothèque nationale*, t. II, p. 365.

2. La Bouteille, département de l'Aisne, arrondissement et canton de Vervins.

3. En marge est écrit : Il a dans son église un serpent de fer blanc et une vielle.

jour de chanter après vespres, à genoux, dans leurs formes, visage tourné au grand autel: *Super omnia ligna cedrorum, etc. Adoramus te, Christe, etc.*, et la collecte.

Abbaye de Boheries

Le vendredy sixième juin nous allames à l'abbaye de Boheries [1], accompagnés de dom prieur de Foigny. Nous y passames le samedy et le dimanche dans l'octave de la fête-Dieu. Cette abbaye est dans une vaste plaine, qui est agréable, qui pourtant est incommode dans les grandes pluyes et ne manque guères d'abbatre quelque pan de la muraille de l'enclos.

L'église est fort belle, très propre dans son profond sanctuaire bien boisé, bien éclairé, pavé comme le chœur en croix de petits carreaux plombés, autel de marbre à colonnes et une suspension pour le saint ciboire. Le marche-pied des petits autels de la nef est de bois marqueté, enchassé dans des bandes de marbre; au pied de l'escalier pour le dortoir sont les cloches; de là on entre dans la première sacristie, et de celle cy dans la seconde qui sont propres. Au dessus est une autre sacristie où on renferme l'argenterie, six beaux calices; soleil porté par un ange, et croix de procession, d'argent; ornemens beaux et propres.

Les religieux psalmodient et chantent fort pausément, la messe et les vêpres. Le chantre entonna: *Cibavit eos*, que l'orgue continua. Le chantre reprit: *Exultate Deo*; l'orgue toucha: *Gloria patri*. Il toucha le graduel. Pour le *Credo*, entonné par le célébrant, fut repris à: *Patrem omnipotentem* par l'organiste, de la pédale et de la voix tout ensemble. Le chœur prit le verset suivant et ainsy à l'alternative, avec la voix et la pédale de l'organiste et de l'orgue qui finit le dernier verset, et *Amen*. L'orgue touche pendant l'offertoire et chante: *Domine, salvum fac regem* en musique. Après le *Sub tuum*, le célébrant va derrière l'autel, met la chasuble, l'escharpe sur ses épaules et vient portant le saint sacrement, accompagné de deux religieux prêtres en coulle qui portent un flambeau, monte du côté de l'épistre à l'autel, le place dans son throsne sans encensement, commence la messe, ces deux religieux se retirent au chœur fort modestement. Après la messe, le célé-

---

1. L'abbaye de N. D. de Boheries fut fondée en 1141 par Barthélemy, évêque de Laon. — Boheries fait actuellement partie du département de l'Aisne, arrondissement de Vervins, canton de Guise, commune de Vadencourt.

brant voile le saint sacrement, ou le remet avec l'escharpe derrière l'autel dans un petit tabernacle fait exprès pour l'y réserver.

Il y a dans Boheries neuf religieux, sçavoir : dom Jacques-André Boulanger, prieur, homme vénérable et régulier ; dom François Boude, sous-prieur ; dom Remy Denise, dépensier ; dom Léopold, procureur ; dom Jean-Baptiste... de la Piété ; D. Colin Tristand ; dom Bernard...; dom Perraté, profès de Longpont, et frère Jean-Baptiste Prat, sous-diacre, organiste. Ils vont à deux heures après minuit à matines, à tous autres offices aussy en coulle, à diner et souper ou collation en coulles, soupent à cinq heures ; complies à six heures et demie, après avoir été aspersés par le supérieur, se retirent au dortoir et ne paroissent plus hors du dortoir.

Le dortoir est beau ; les chambres commodes ; deux entre chaque pillier ; bibliotèque belle, grande, bien fournie ; dans le chapitre il y a une tombe d'abbé dont la tête est à l'orient ; on lit : *Hic jacet domnus Balduinus, monasterii Fusniaci professus, sacræ scripturæ venerabilis doctor, abbas hujusce monasterii tricesimus nonus, qui obiit die vicesimd septimd novembris anno millesimo..... quadragesimo* [1]. Il a un bonnet en tête. Dans le cloitre de complies sur une tombe :

> *Quisquis ades, qui morte cades, me respice, plora.*
> *Sum quod eris, quod es ipse fui, pro me precor, ora.*

Sur une autre tombe : *Cy gist Jean, religieux de Chymay.* La lecture de complies dans l'église des ouvrages de saint Bernard, fut longue.

A la bénédiction du saint sacrement après complies, on chanta : *Panis iste dulcedinis*, etc. ; *Domine, salvum fac regem*, du cinquième ton : *Da pacem, Domine ;* versets : *Cibavit eos*, etc. ; *Ora pro nobis, sancta*, etc. ; *Deus, judicium tuum*, etc. ; *Fiat pax; Domine, exaudi; Dominus vobiscum;* Oraison : *Deus, qui nobis sub ; Concede nos, quæsumus, omnipotens Deus ; Deus, a quo sancta.* Le religieux en aube et chape, accompagné d'un choriste en soutane violette et surplis, l'encensoir en mains ; deux religieux portans flambeaux ; la bénédiction se donne avec le saint sacrement, le chœur en silence, et l'orgue jouant.

---

1. Baudouin de Mol, dernier abbé régulier de Bohéries, mourut, selon le *Gall. Christ.*, t. IX, col. 637, à la fin de 1540 ou au commencement de 1541.

Les jardins sont fort vastes, beaux en allées et labyrinthes, canaux, carreaux.

Les religieux font régulièrement abstinence de viande.

Retour à Foigny

Nous retournames à l'abbaye de Foigny le lundy matin, neuvième jour de juin, où nous trouvames dom Pierre Jacquinot, prieur de la Valroy, qui, après nous avoir écrit, à monsieur de Marcilly et à moy, pour nous marquer sa joye de nous voir quelque jour à la Valeroy [1], vint au devant de nous dans Foigny pour nous conduire chez luy. Nous assistames à la thèse de théologie que soutint frère Jérosme Wasseur, qui contanta l'assemblée, ainsy que ses confrères qui argumentèrent contre lui.

La Chartreuse du Val Saint-Pierre

Le lendemain mardy, dixième du dit mois de juin, nous partimes de l'abbaye de Foigny, accompagnés de dom prieur de cette maison, et de dom prieur de la Valroy, arrivames sur les onze heures au Val-Saint-Pierre [2], où le Rᵈ père prieur nous reçut dans la cour, nous conduisit dans leur église, où nous fumes un peu surpris de voir un jour simple dans l'octave du saint sacrement, à telle heure le saint sacrement exposé; nous fimes notre prière et le père prieur nous déclara qu'il est d'usage parmi eux est que le saint sacrement reste exposé dès le jour de la fête-Dieu, jour et nuit, pendant toute l'octave, et y a sans interruption des religieux convers et domestiques à l'adoration, comme nous y en trouvames en effect. On ne peut exprimer la beauté, l'ordre, la propreté de cette maison, la tranquillité, le silence, l'honnêteté, la richesse sans faste, les commodités, l'entretien de leurs étangs, de leurs réservoirs, des fontaines et machines pour donner, du bas en haut, dans le cloitre, chez chaque religieux, dans les cuisines, de l'eau.

L'apartement du prieur est fort beau et fort commode dans sa simplicité religieuse : il a de plein pied, outre ses livres, la

1. Le couvent de La Valroi fut fondé, en 1148, par Guerric, abbé d'Igny, qui y envoya douze moines sous la conduite d'un abbé. La Valroi fait actuellement partie de la commune de Saint-Quentin le-Petit (Ardennes).
2. La Chartreuse du Val Saint-Pierre, fondée en 1140 par Renaud, seigneur de Rozoy, et Barthélemy, évêque de Laon. — Le Val Saint-Pierre fait actuellement partie du département de l'Aisne, arrondissement et canton de Vervins, commune de Braye-en-Thiérache.

bibliotèque de la communauté, qui est belle et bien fournie [1].

Il y a chez un particulier chartreux de cette maison, ou plutôt dans celle du Mont-Dieu, un tableau de la sainte Face, au dessous duquel sont des caractères d'écriture qu'on n'avoit pu connoitre jusqu'à l'arrivée en France, il y a environ 30 ans, de Pierre premier, empereur et czar de la Russie, dont un de ses suivans, sitôt qu'il aperçût cette écriture, prononça : *Imago Christi in linteo.* Il y a dans le Val Saint-Pierre une bonne apoticairerie gouvernée par un frère convers, qui fait le thériaque d'Andromacus ; monsieur de Marcilly et moy en acheptames chacun un petit pot d'étaing, de la valeur de 40 sols le pot, que l'on prétend excellent, et qui a beaucoup de réputation.

Nous fumes fort bien accueillis du père prieur et de ses officiers. Nous nous retirames sur les quatre heures après midy, et arrivames vers les sept heures à la Valroy. Nous y ouvrimes le lendemain mécredy, dixième de juin, notre visite régulière dans leur petite chapelle et chœur au bout du corridor du logis en haut des hôtes, qui sert de dortoir aux religieux, et qui, à l'autre bout, a une autre chapelle pour les infirmes, y ayant à chaque côté, une chambre d'infirmerie et chacune une petite fenestre sur la dite chapelle.

Les portes et cour d'entrée sont belles, ornées de sculpture en pierre, qui représentent la sainte Vierge à laquelle saint Bernard offre la maison de la Valroy. Le beau vestibule distribue à droite à l'escalier avec rampe de fer du dit corridor, et aux belles salles de réception et à manger ; à gauche aux chambres bien voutées, bien meublées, ornées de grands et beaux tableaux de différens sujets de religion et de piété.

Du vestibule on va à la première allée du nouveau cloitre qui est belle et solide. A l'un des bouts est la dépense et la cuisine ; à l'autre est un escalier neuf à rampe de fer, d'environ vingt marches qui descendent dans l'église. La nef est séparée du chœur par un beau grillage de fer ; les deux autels propres, de marbre ; le chœur tout neuf, beau en boisure et sculpture ; seize siéges de chaque côté, outre les 3 du dossier ;

1. Plusieurs des manuscrits du Val Saint-Pierre sont à la bibliothèque de Laon, où ils portent les n°* 1, 2, 5, 8, 14, 28, 36, 54, 62, 98, 103, 137 et 302. Ils ont été décrits par M. F. Ravaisson dans le t. I du *Catalogue général des manuscrits des bibliothèques publiques des départements*, p. 57 sqq. — Les plus précieux de ces manuscrits sont l'Orose (n° 137), auquel M. Ravaisson attribue la date du VII° ou du VIII° siècle, et le Psautier du IX° siècle, (n° 14).

très beau sanctuaire ; autel à six colonnes de marbre en couronnement, d'où le saint ciboire est suspendu ; derrière le grand autel, autre petit autel où on renferme le saint sacrement dans le soleil pendant l'octave de la fête-Dieu.

Il y a un pulpitre pour le saint évangile à chanter par le diacre, qui fait corps avec la boisure, surmonté d'un dais en boisure et sculpture, par respect apparemment pour le saint livre des évangiles [1], et fait face au siége du célébrant, qui a aussy un dais semblable. Il y a un autel des morts, et au devant des pierres d'un pied en quarré, au nombre de trois ou quatre, qui marquent les noms des deffuncts et la datte de leur mort.

C'est une chapelle qui sert de sacristie, qui n'est pas encore bien accomodée, mais les ornements sont propres ; le prieur et les religieux sont commodément logés ; chacun un bureau, et tablettes pour leurs livres ; une petite bibliotèque, que dom prieur fournit de livres de temps à autre. Il y a à la première porte un homme couturier, qui en a soin. Le prieur a bien soin de ses hôtes et entend fort bien faire les honneurs de sa maison ; la lecture se commence à la table des hôtes régulièrement. Nous avons vu à la Valroy un jeune homme de bonne physionomie, architecte y demeurant et logeant au dortoir des religieux, nommé des Roquelles, frère du prieur de Tenailles [2], prémontré, fils d'un ingénieur et cousin d'une religieuse du Viviers [3] (de Cisteaux) à Arras, laquelle est de la connaissance de monsieur notre Abbé. Les religieux de la Valroy, sont : dom Pierre Jacquinot, bachelier en théologie de Paris, prieur ; dom Dadda, souprieur et procureur ; dom Warnet, président, dépensier ; dom le Poivre, sacristain ; dom Courcier ; dom Bourguignon ; dom la Balle. Dom prieur a dans sa chambre un bon portrait de feu monsieur Bouchu, abbé de Clairvaux, d'heureuse mémoire.

Ils ont dans leur chœur des pulpitres, qui se coulent proprement de côté et d'autre, et des petites armoires à mettre livres, lanternes. Je n'ay pas vu leur jardin qu'on dit être beau.

1. En marge est écrit : Marque de respect pour le texte sacré de l'Evangile.
2. Thenailles, département de l'Aisne, arrondissement et canton de Vervins.
3. Le Vivier, département du Pas-de-Calais, arrondissement d'Arras, canton de Croisilles, commune de Wancourt, à deux lieues au sud-est d'Arras.

L'Abbaye de Vauclair

Le vendredy, douzième du dit mois de juin, nous partimes de la Vauleroy accompagnés du dit dom prieur, passames près l'abbaye de Cussy [1], l'une des mères de l'ordre Prémontré, passames dans un batteau la rivière d'Aisne à Pontavert [2], et arrivames à l'abbaye de Vauclair [3], vers les dix heures, où nous trouvames monsieur l'abbé, dom Bernard de Parvillez, en fort bonne santé, quoyqu'agé de plus de quatre vingts ans et remplissans ses devoirs de religieux et d'abbé avec l'exactitude et la ferveur la plus exemplaire ; dom Edme Dosne, souprieur et curé de la paroisse ; dom Antoine Henry, chantre ; dom Louis Chatel ; dom Etienne Ouverland ; dom Nicolas Rochez ; dom Henry Gobiat ; dom Théodore Bottée ; dom Yves le Breton, président et cellerier ; dom Ignace Saintin, infirmier ; dom Augustin Malherbe, linger ; dom Remy Couvreur, second président ; dom Jean-François Creusot ; dom Henry Loiseau, sacristain ; dom Benoist Dartois, dépensier ; dom Martin Desmarets, maître des novices ; frère Joseph Croquet, et frère Jean Pennart, tous religieux de chœur et composans la communauté de Vauclair ; sept ou huit convers, dont l'un est couturier, restant près la porte du cloitre, travaillant avec d'autres couturiers laïcs ; un autre, bon menuisier.

La première porte d'entrée est tenue fermée régulièrement. Ce fut une femme qui nous l'ouvrit. C'est une grande porterie ; apartemens sur la porte et à côté en haut et bas. L'église pour la paroisse est auprès, environnée d'un cimetière et façon de

1. Cuissy, abbaye de Prémontré, fondée en 1122 par Gautier de Jumigny et Ermengarde de Roucy. — Cuissy fait actuellement partie du département de l'Aisne, arrondissement de Laon, canton de Craonne. — Cuissy possédait une belle bibliothèque dont les débris représentés par 63 manuscrits constituent une des principales richesses de la bibliothèque de Laon. On peut en voir le détail dans le t. I du *Catalogue général des manuscrits des bibliothèques des départements*, par M. F. Ravaisson, p. 57 sqq. Signalons parmi les plus anciens ou les plus intéressants de ces manuscrits : n° 15, Sermons de S. Augustin sur les Psaumes, du XI° s.; n° 217, Recueil sur l'ordre de Citeaux, du XII° s.; n° 226 *bis*, Missel de Prémontré, du XII° s.; n° 315, qui contient des homélies de S. Ambroise, S. Jérôme, S. Augustin, une liste des premiers abbés de Cuissy, XII° s.; n° 344, passionnaire du XII° s.

2. Pontavert, département de l'Aisne, arrondissement de Laon, canton de Neufchâtel.

3. Vauclair, abbaye fondée en 1134, par les soins de saint Bernard, par Gautier, comte de Roucy, sa femme Ermengarde, et Barthélemy, évêque de Laon. — Vauclair est du département de l'Aisne, arrondissement de Laon, canton de Craonne.

jardin propre, le tout fermé d'une muraille à hauteur d'homme. Cette église est belle au dedans et au dehors, bien ornée ; chaire de prédicateur ; on nous dit que les fonctions de curé et devoirs de paroisse s'y font exactement par dom souprieur qui presche tous les dimanches, chante la messe et les vêpres, fait le catéchisme, et néantmoins se rend à tous actes de communauté. Cette église est distribuée en sanctuaire, chœur où il y a plusieurs bancs de chantres, bancs pour paroissiens et paroissienes, fonts baptismaux, sans visite d'évêques. La cour est grande et fort étendue. Dom procureur y a un logement pour le jour. On voit le portail de l'église qui est régulier.

La salle des hôtes est belle, voutée, élevée ; le logis d'hôtes propre, modeste et commode. Monsieur l'Abbé mangea toujours avec nous, faisant luy-même au commencement du repas lecture de quelque période du livre de l'Imitation de Jésus-Christ. Il appelle à sa table dom souprieur et d'autrefois d'autres de ses religieux.

Le cloitre est beau, surtout le cloitre vitré de la collation ; belle église dans laquelle on monte du cloitre plusieurs degrez ; beau rond point ; belles chapelles. Le sanctuaire est propre ; le saint ciboire est en suspension sous une coupe soutenue de quatre pilliers de vermeil comme le ciboire suspendu à une crosse, au pied d'une grande croix de cuivre, au haut du tabernacle, à côté de deux anges adorateurs, de bois ou de pierre. Il y a, comme à Clairvaux, quatre siéges pour le célébrant et les ministres ; trois lampes, l'une entre les siéges de l'Abbé et du prieur à la messe ; la seconde entre les places des deux anciens de chaque côté au chœur de vêpres ; la troisième dans la nef devant les deux autels. Il y a vingt formes de chaque côté du chœur, sans compter les quatre du dossier.

La place de monsieur l'Abbé à vêpres est toute différente de celle du prieur, parce qu'elle est fermée des deux côtés et sur la tête comme une niche.

Les novices ont un pulpitre à deux faces, un livre sur chaque face tournée devant eux, et chantent sur icelui sans sortir de leurs places à la messe ni à vêpres.

Les convers au chœur de la communauté sont dans un autre chariot que celui des novices, quoyque le nombre de ceux-ci ne remplisse pas tous les siéges du premier chariot où ils sont. Nous avons vu le dimanche monsieur l'Abbé recevoir l'eau bénite, par aspersion, comme les religieux, comme feu monsieur Bouchu, abbé de Clairvaux, d'heureuse mémoire, et pendant quelque temps, son successeur. Le chœur est ancien, à accoudoirs dans les formes des religieux, qui se lèvent, et abaissent selon la stature de chacun.

Dans le thrésor de reliques, il y a une belle croix en philigramme et pierres précieuses. Coulle grise de saint Bernard dans un beau et grand reliquaire de bois doré ; autre reliquaire d'argent où est relique de notre saint Malachie, et de nos saints Eutrope, Zozime, et Bonose, dont ils ont, disent ils, attestation.

Beaux ornemens conservés près le dortoir. On descend dans la sacristie, par dessous l'escalier du dortoir qui est beau ; elle est belle et longue. On y voit trois essuye-mains, *ante missam*, *post missam*, *pro ministris*.

Le dehors de l'église bien enduit, les couverts en bon état, toute la maison en bon ordre. On marque sur une table par chaque jour et pour chaque demie heure les religieux qui doivent célébrer, par exemple, depuis sept heures à la demie ; depuis la demie à huit heures ; de huit heures à la demie ; de la demie à neuf heures. La bibliotèque est des plus belles, de plein pied au dortoir ; porte grillée de fer pour entrer dans le vestibule où sont les manuscrits [1]. On entre tout de suite par une autre porte ordinaire dans la grande et large bibliotèque ; au fond sont les saintes bibles, et par piété on a élevé au dessus un dais en menuserie fort bien travaillé. Au dessous est la salle des abbés, qui en a une autre à côté de la même longueur et largeur, pour la commodité des religieux.

L'infirmerie est commode ; il y a une chapelle sur laquelle les chambres voisines ont vuë, mais elle n'est pas séparée des autres batimens comme les règles de l'Église le requièrent. Il y a une bonne apoticairerie, aux soins de dom Ignace Saintin, qui ordinairement a par dessus son habit régulier pour le travail, un long tablier qui s'attache au col ; et deux manches de toile sur les manches de sa robe. Les infirmes y sont bien soignés, de l'aveu de tous religieux. Beaucoup de tombes dans le chapitre et devant le chapitre, dans le cloitre, de leurs pères Abbés. Au bout de celui de la collation et à la tête de celui qui tourne au couchant est une tombe qui représente un moine en coulle, les manches croisées l'une sur l'autre, le capuchon attaché au collet de la coulle [2].

1. Montfaucon a publié le catalogue des mss. de Vauclair dans sa *Bibliotheca bibliothecarum*, t. II p. 1299-1302. Il y en avait alors 75 qui font maintenant partie de la bibliothèque de Laon.

2. En marge est écrit : Ancien habit de Citeaux.

De grands et beaux greniers, celui qu'ils appelent la nacelle. Il y a pour le grenetier un cabinet dans le coin d'un de ces greniers, qui luy est commode pour écrire et mettre son argent dans une armoire pratiquée dans le mur. Les caves ou celliers sont aussy très belles et voutées. Les deux pressoirs sont des plus beaux; les arbres, au nombre de huit, pour les deux pressoirs, portent en quarré deux pieds et demy.

Il y a plusieurs grands jardins et vastes, entre autres celui derrière l'église, qu'ils appellent la Colinière, qui est partagé et distribué en plusieurs allées de hautes charmilles, et cabinets.

Le révérend père Abbé est des plus réguliers et fervens; beaucoup de charité, d'humilité et de prudence. Il loge au dortoir, il va à tous exercices, au réfectoir soir et matin, n'a pas de prieur, travaille beaucoup, porte du bois à la cuisine.

On voit dans l'église plusieurs litanies imprimées du saint Sacrement, de S. Benoist, de Ste. Scholastique, de St. Bernard, de l'Enfant Jésus, du nom de Jésus, de la Passion, de la sainte Vierge, *Parisiis apud Ægidium Alliot*, 1673.

Il y a près de l'abbaye une vigne, nommée la Ptisane; elle venoit d'être greslée.

Le couturier voulut bien m'y racomoder notre casaque et manteau de campagne.

Ce que nous avions à faire de particulier dans l'abbaye de Vauclair et pour quoy monsieur notre Abbé de Clairvaux nous avoit donné commission, étoit de voir si le révérend Abbé de Vauclair persistoit dans les sentimens qu'il lui avoit renouvellé même depuis peu et de plus à son prédécesseur dom Robert Gassot, et même au révérendissime père dom Pierre Bouchu, quarante septième abbé de Clairvaux, de mettre entre ses mains et sous sa juridiction immédiate, son abbaye du Reclus [1] de l'étroite observance, près de la ville de Sézanes en Brie, laquelle depuis les guerres de la minorité de Louis quatorze notre grand roy, où cette abbaye a été presque ruinée dans ses biens, et dans ses batimens, n'a pu se relever, nonobstant les soins, les denrées, les sommes considérables d'argent que le dit révérend Abbé de Vauclair, père immédiat du Reclus, y a donné chaque année depuis plus de trente ans, luy-même et ses prédécesseurs abbés, comme lui. Nous avons en effect

1. Le Reclus, abbaye fondée en 1141, par S. Bernard et Hatton, évêque de Troyes.— Le Reclus fait aujourd'hui partie du département de la Marne, arrondissement d'Épernay, canton de Montmort, commune de S. Pris.

trouvé le dit Abbé dans la même résolution ; qui ne pouvant plus supporter ces dommages faits à son abbaye de Vauclair, sans qu'ils ayent encore pu tourner au rétablissement du Reclus, béniroit Dieu si son supérieur majeur monsieur de Clairvaux vouloit bien s'en charger, espérant que sa plus grande authorité lui ouvriroit des voyes plus efficaces pour préserver l'abbaye du Reclus de sa ruine totale.

L'affaire communiquée, délibérée par toute la communauté, elle a fait transport de l'abbaye du Reclus, sa fille immédiate, et de toute l'authorité et jurisdiction que cette qualité luy donnoit sur icelle, à monsieur le révérendissime Abbé de Clairvaux, par un écrit authentique signé le dimanche quatorzième jour du mois de juin mil sept cent quarante quatre, et de tous et un chacun les religieux composans la communauté du dit Vauclair, bien entendu qu'on requérera le consentement en forme des religieux de l'abbaye du Reclus, lequel sera icy marqué dans son lieu.

Abbaye d'Igny

Le lundy, quinzième du dit mois de juin, nous partimes de Vauclair, toujours accompagnés de dom prieur de la Valroy, arrivames en l'abbaye d'Igny[1], à dix heures du matin, que dom prieur se préparoit dans l'église à la célébration de la messe de la communauté. Elle est composée de cinq religieux, sçavoir : dom Pierre Pérignon, profès de Clairvaux, prieur ; dom Eustache Vanin, sous-prieur et grenetier ; dom Joseph Cauvel ; dom Guillaume Dallmaigne, procureur, et dom Antoine Piquoy.

Cette maison est fort dérangée dans ses cours, jardins, cloîtres et autres lieux, à cause de quantité de matériaux en pierres, bois et décombres au sujet d'un grand batiment fait dans ses murs seulement et couvert par le précédent prieur, mais sursis et laissé tout ouvert par celui-cy.

L'église est fort longue ; le sanctuaire vouté ; le reste lambrissé en anse de pannier. Il y a un chœur nouveau ; c'est une simple boisure faite il y a environ 30 ans ; dix huit formes de chaque côté, non comprises celles du dossier, et celles du chœur bas. On voit dans la nef près de la chapelle, derrière la place de l'abbé, une sainte Vierge placée contre un pillier, de

---

1. Igny, abbaye fondée en 1126, par Renaud II, archevêque de Reims. — C'est aujourd'hui un écart de la commune d'Arcis-le-Ponsard, département de la Marne, arrondissement de Reims, canton de Fismes.

pierre, de grandeur extraordinaire, tenant l'enfant Jésus. On peut croire qu'elle aura été transportée en cet endroit, du grand autel où elle étoit vraysemblablement, selon l'usage de l'ordre, qui la plaçoit ainsy en qualité de mère de Dieu et de patrone singulière de nos maisons.

On voit dans le sanctuaire trois mausolées, élevés de terre de quatre à cinq pieds, dont celui qui est au midy près des siéges du célébrant et ses ministres, a été réparé, car on remarque qu'au devant on y a incrusté un retable d'autel en pierre, qui en sculpture représente la croix et le Christ, la sainte Vierge et saint Jean, le sacrifice d'Isaac et le serpent d'airain, Moyse tenant sa baguette. Au dessus de ce tombeau est un écriteau de papier en tableau sur la muraille, de mauvaise écriture : *Illustrissimi domini Rainardi Remensis archiepiscopi, Igniacensis cœnobii primi fundatoris epitaphium. Ego Rainardus a Pratis* [1]*, quondam archiepiscopus Remensis presbiter, credo quod redemptor meus vivit et in novissimo die de terra surrecturus sum, et in carne meâ videbo Deum salvatorem meum. Amen.*

Autre tombeau du côté de l'évangile près du pignon du sanctuaire, sur lequel grandes figures d'homme et de femme, couchés; plus bas et vis à vis les staulx du célébrant, est autre tombeau, sur lequel on lit :

Hæc loca sortitur Sanson, jacet hic tumulatus :
Sacrum spiramen.....

Le reste n'est point aisé à déchifrer [2].

On remarque au pillier angulaire de la basse voute, tournant au dortoir, un ouvrage en pierre de taille [3], qui a ses trois faces, chacune de la largeur d'environ quatre pieds; hauteur de huit à neuf, à plusieurs colonnes; à jour, vouté, la voute surmontée de quelque pyramide, qui y manque; le fond est une niche dont le haut est une coquille. Sous la dite voute on voit un petit bénitier de fonte dans le milieu, qui n'a point d'eau ordinairement et un autre de cuivre, qui est d'usage; il y a de l'eau bénite. Il est posé sur la pierre, sous cette voute. On prétend que cet ouvrage a été élevé en mémoire sur le lieu et la place

1. Rainaud des Prés ou de Martigny, archevêque de Reims, de 1124 à 1139.
2. En marge est écrit : Ce Sanson a été promoteur de l'établissement de l'abbaye de Mores.
3. En marge est écrit : Monument du meurtre de notre sixième abbé de Clairvaux, Gérard.

où le sacristain sur les mouvemens d'un moribond, qu'il entendit du chœur où il chantoit les vigiles, sortant pour sçavoir ce que pouvoit être, trouva en cet endroit et cette place le bienheureux Gérard [1], sixième abbé de Clairvaux, qui un moment auparavant venoit d'être poignardé cruellement et à plusieurs coups, sur l'escalier du dortoir au cloitre par un diable de moine, que le dit abbé avoit averty nombre de fois charitablement de ses désordres, lequel crut que cette fois l'abbé de Clairvaux, après bien des remises et des menaces toujours inutiles, le puniroit sévèrement; le saint abbé luy pardonna sa mort, mais se traisna comme il put à l'église pour y célébrer la sainte messe, ainsy qu'il l'avoit prémédité la veille; et ne put aller plus loin par l'effusion de son sang dans lequel il nageoit.

Dans le cloitre, allée du réfectoir au midy, pleine de tombes figurées et inscriptions. Ordinairement on n'enterre pas de ce côté là. Aussy dit on que toutes les tombes ont été déplacées. Le chapitre est propre, bien vouté, à quatre pilliers; trois jours ou fenestres au levant, et un au midy parce qu'il avance en saillie au delà de la ligne du dortoir. Il y a aussy plusieurs tombes d'abbés, mais c'est un magazin de mille bois, cordes, etc.

La sacristie est l'ancienne, longue, étroite, humide; le jour est pris au levant.

Le dortoir est long, large, élevé, lambrissé en anse de pannier. Sur l'une des cellules se voit un ancien réveil comme à Signy encore, mais plus entier; comme à Clairvaux cy devant. La chambre du prieur est auprès; celle du cellerier est voisine. dans laquelle est un portrait des meilleurs et des plus ressemblans à feu monsieur Pierre Bouchu, d'heureuse mémoire, abbé de Clairvaux.

Dans une chambre du dortoir sont quantité de livres manuscrits reliés à l'ancienne façon. Les greniers assez beaux, aussy bien que les caves.

Ils ont depuis un an, pour pensionaire à 600 L. un chanoine de l'église cathédrale de Meaux, exilé par la cour [2]. Il étoit cy devant à l'abbaye de Longpont, mais le prieur d'Igny a eu

1. Gérard I⁶, abbé de Clairvaux, de 1170 à 1175 ou 1176. Il fut assassiné par Hugues de Basoches, moine d'Igny. *Gall. christ.*, t. IV, col. 801.

2. En marge est écrit: Chanoine exilé, monsieur Daupierre (ou Daupierre).

l'adresse de se le faire donner. Il a une chambre au dortoir comme un religieux.

On voit dans le cloitre près de l'escalier qui monte à l'église par huit marches, du côté du cloitre de la collation vis à vis le jardin du preyhaut, une arcade dans la muraille, assées haute et une tombe dessous, sans inscription. On prétend qu'il y a peu de temps il y en avoit une, qui est effacée par le blanchissage de ce cloitre, et on croit que c'est le tombeau du bienheureux Guerric. En effect, dans le répertoire et inventaire des tiltres de l'abbaye d'Igny, couvert en parchemin, bien écrit, fait par François Dolaincourt, notaire royal héréditaire au baillage de Vitry le François, résident à Trois Fontaines l'abbaye, ès mois de juillet, août et septembre 1693, qu'il a signé Dolaincourt avec paraphe, on lit : *B. Guerricus,* (dans la liste des abbés d'Igny), *dum adhuc sub disciplina ss. P. Bernardi monachus esset in Claravalle et regalibus sanæ doctrinæ uberibus lactaretur haud degenerem se tanti Patris filium moribus et vita probabat. Humberto cedente, ut supra dictum est, a beato Bernardo abbas Igniaci factus est et quamvis corpore valde debilis, pie et religiose tamen undecim circiter annis, ac in eodem Igniaci cœnobio expiravit. Corpus ejus sepultum est in area in muro ecclesiæ juxta portam claustri, et ex parte claustri quæ respondet hortulo claustrali et ut paucis, veriusque dicam, duobus pedibus ab ingressu distat ecclesiæ.*

Cecy est tiré mot à mot, le 17 juin 1744, du dit répertoire, dans l'abbaye d'Igny. Nous y avons fait une épitaphe, que nous avons laissée aux prieur et religieux, leur conseillant de la faire appliquer au dessus de la ditte tombe et arcade ; la voicy :

Hic jacet beatus Guerricus monachus Clarævallis, secundus abbas Igniaci, cujus scripta sanctissimi patris nostri Bernardi genium ita sapiunt ut vix alterum a mellifluo doctore autorem dixeris.

Les religieux de l'abbaye d'Igny font toutes les fonctions de curé dans leur paroisse, même baptisent sans visite d'évêque. Ils disent avoir été maintenus dans les fonctions par deux arrèts du grand conseil du huit octobre 1646, et deuxième may 1674.

On dit à propos de la tombe du bienheureux Guerric qu'il y a environ 30 ans, dom Eustache Malfillatre, docteur de Paris, étant prieur d'Igny, on ouvrit la terre du cloitre sous cette arcade près de l'église, que quand on eut fouy environ un pied de terre on aperçut des vêtemens comme tout frais et entiers

3

dans leur longueur : ce qui fit juger que le corps du bienheureux Guerric pouvoit être dessous, que le prieur averti
donna ordre de couvrir promptement le tout, avec la terre qu'on
avoit enlevée, et qu'on se prit plus bas pour ouvrir la terre et
faire une fosse afin d'y inhumer un moine qui venoit de
mourir.

Cette découverte ne fut pas cachée et vint à la connoissance
de feu monsieur le cardinal de Mailly [1], archevêque de Reims,
qui dit que on devoit luy faire sçavoir cette découverte, qu'il
auroit pris soin d'en faire faire une information en forme, qui
auroit pu servir à la canonization du bienheureux Guerric, et
en auroit fait volontiers les frais ; ce qu'il auroit, adjoute-t-on,
exécuté, si la mort ne l'eut prévenu peu de temps après.

Les religieux de l'abbaye d'Igny n'ont fait aucun verbal de
ce que dessus.

Voicy la chronologie des abbés tirée exactement d'une table
en papier, posée dans le dortoir, près de l'église, à la porte de
la chambre du prieur.

Nomina et series abbatum hujus sacri Igniacensis cœnobii [2].
Mementote præpositorum vestrorum qui vobis locuti sunt ver-
bum Dei, quorum intuentes exitum imitamini fidem. Hœbr. 13.

1. *B. Humbertus, prior secundus Clarævallis, ad ædifican-*
dum Igniacense cœnobium a S. Bernardo missus, et abbas
constitutus; post 18 annos cessit, et in Claram vallem rediit.

2. *B. Guerricus, monachus Claravallis a S. Bernardo 2us*
abbas Igniacensis institutus, ubi 11 annis præfuit, ac in eodem
Igniaci cœnobio in muro claustrali juxta portam ecclesiæ
sepultus est.

3. *Gaufridus, S. Bernardi discipulus et notarius, post S. B.*

---

1. François, cardinal de Mailly, archevêque de Reims, du 7 février 1711
au 13 septembre 1721.

2. Ce catalogue présentant avec celui qui est dans le *Gall. christ.*, t. IX,
col. 300-304, d'assez notables différences, il n'est pas sans intérêt de don-
ner les noms des abbés, dans l'ordre où ils sont dans ce dernier ouvrage :
Humbertus, Guerricus, Godefridus I, Hugo, Bernardus, Petrus, Vide-
latius, Herveus, Gaufridus II, Julianus, Nicolaus I, Gilbertus, Anscherus,
Petrus de Barro, E..., Johannes I, Petrus III, Girardus, Johannes de
Pontisara, Guerricus II, Johannes IV, Poncius de Wasigni, Alardus,
Johannes de Conham, Johannes Oiselet, Arnulfus, Laurentius, Ogerius de
Sedan, Guillelmus, Jacobus, Nicolaus de Unocurru, Theobaldus de Luxem-
burge, Johannes de Montiniaco, Nicolaus de Soppia, Ogerius de la Grange,
Nicolaus IV, Johannes Regnart, Dionysius, Johannes de Sepeaux, etc.

*et B. Guerrici obitum abbas Igniaci electus, ubi sex annis
præfuit, postea quartus Clarævallis abbas effectus, tertium
vitæ S. Bernardi librum composuit et electus in episcopum
dignitatem admittere recusavit.*

4. *Bernardus abbatisavit septem annis.*

5. *Petrus 1us, dictus Monoculus, genere et morum integritate
nobilis, monachus Igniacensis, dum prior factus, postea abbas
Vallis Regis, deinde abbas Igniacensis, tandem abbas octavus
Clarævallis, ubi defunctus et sepultus est.*

6. *Julianus abbatizavit hic annis 25. Senio confectus cessit.
Attamen post ejus mortem, cum abbatibus sepultus est in
capitulo.*

7. *Nicolaus 1us annis 27. præfuit Igniacensibus : jacet in
capitulo.*

8. *Gilbertus præfuit quindecim annis sepultusque est in
capitulo.*

9. *Joannes 1us, primum benedictinus in S. Dyonisio monachus, post Clarævallis religiosus, factus abbas Igniacensis,
præfuit ibi 12 annis. Postea in Claravalle præfuit annis septem
et cessit. Demum factus est abbas de Gratia Dei.*

10. *Joannes 2us abbatizavit hic annis decem.*

11. *Petrus de Barro secundus, prior Clarevallis, factus est
abbas de Moris, postea Igniacensis, ubi præfuit 14 annis.*

12. *Gerardus abbas Igniacensis præfuit annis quatuordecim ;
postea factus est abbas Clarævallis.*

13. *Nicolaus 2us de Uno curru abbatizavit viginti sex annis :
jacet in claustro juxta ecclesiam, ubi sedet abbas ante comple-
torium.*

14. *Alardus primus, de Remis, abbatizavit sex annis. Jacet
in claustro paulo ante dictum abbatem a parte ecclesiæ secus
templum.*

15. *Arnulphus abbatizavit sex annis.*

16. *Pontius primus de Vuasigniaco, abbas Signiaci, postea
Igniaci, ubi abbas fuit quinque annis, sepultusque est in capitulo sub epitaphio.*

17. *Alardus 2us abbatizavit hic annis undecim.*

18. *Joannes 3us abbatizavit hic annis quinque.*

19. *Joannes quartus, Oyselet dictus, abbatizans 11 annis
præfuit; jacet in capitulo.*

20. *Pontius 2us abbatizavit viginti annis.*

21. *Ogerinus 1ᵘˢ de Sedan abbatizavit sexdecim annis.*

22. *Laurentius abbatizavit viginti duobus annis.*

23. *Guillelmus præfuit hic annis quatuordecim.*

24. *Theobaldus de Luxembourg abbatizavit hic quatuordecim annis ; deinde abbas Elantii factus est, ubi mortuus et sepultus est.*

25. *Joannes quintus de Montigniaco abbatizavit hic annis quatuor, postea factus abbas Morimundi.*

26. *Nicolaus tertius, dictus magnus, tredecim annorum spatio hujus domus cellerarius, abbatizavit postea annis duodecim, sepultusque est in sacello sancti Nicolai.*

27. *Nicolas quartus abbatizavit annis tribus.*

28. *Ogerinus 2ᵘˢ abbatizavit decem annis.*

29. *Joannes sextus dictus Regnart, abbatizavit 3 annis.*

30. *Dyonisius annis duobus præfuit Igniacensibus.*

31. *Joannes septimus de Scepeaux, religiosus de Saviguiaco, abbatizavit quadraginta quatuor annis. Obiit anno millesimo quingentesimo quinquagesimo. Sepultus est in capitulo. Hic ultimus fuit abbas religiosus : ab eo enim semper electiones cessarunt ; commendæ autem permissæ.*

Ce catalogue d'abbés d'Igny a été copié à Igny le seizième de juin 1744 sur une grande carte, bien écrite, en gros caractère [1].

Abbaye de l'Amour Dieu

Le jeudy, dix huit du dit mois de juin, accompagnés de dom prieur d'Igny, nous fumes diner à l'Amour Dieu [2]; nous y

---

1 En note est écrit : Dans leur répertoire cy dessus cité, on lit au 3ᵉ rang des abbés réguliers : *Beatus Gaufridus qui sub tanti Patris Bernardi magisterio, cum in dies perfectior evaderet, ab eodem Patre Bernardo singulariter diligebatur et notarius ejus fuit. Post divi Bernardi et Guerrici obitum abbas Igniacensis factus est, ubi venerabilem Patrem sic imitari studuit, ut post sex circiter annos quartus Clarevallis abbas effectus, sic tres vitæ et virtutum sancti Patris libros eleganti stylo posteritati sacravit. Unde tale ipsius tumulo positum :*

Igniaci pastor Gaufridus legis amator
Quatuor hic annis claruit atque fuit,
Præsulis electus, virtutum nomine clarus,
Noluit hoc fieri dignus amore Dei.

2. L'Amour-Dieu, abbaye fondée en 1232 par Hugues de Châtillon, comte de S. Pol. — L'Amour-Dieu fait aujourd'hui partie du département de la Marne, arrondissement d'Épernay, canton de Dormans, commune de Troissy.

passames le reste du jour. Madame l'abbesse [1], agée de 87 ans, étoit absente, accompagnée de sa religieuse, sœur Mauvaiset et de sa converse, Nicole, de laquelle toutes et chacune des religieuses, au nombre de quinze à seize, se plaignent fortement, comme d'un mauvais esprit qui brouille tout et dont néantmoins l'abbesse est coëffée, ensorcelée, dit-on. La cellerière est la mère de Montigny, âgée mais agissante, œconome, entenduë. Nous y fumes reçûs fort honnêtement de la mère prieure, bonne personne, et de toutes les religieuses, et traités de même dans les repas. Dom prieur d'Igny y avoit fait porter choses nécessaires, car ces religieux sont pauvres. On nous fit remarquer celle qui tomba dans une grosse faute, il y a environ six ans, et qui n'en est pas plus humble, ni plus retenuë dans ses paroles et dans son maintien.

Le lendemain vendredy, jour des saints Gervais et Prothais, fête de garde dans le diocèse de Soissons, nous entendimes la messe et partimes pour l'abbaye d'Argensolles.

Argensolles

Nous arrivames à onze heures à l'abbaye d'Argensolles [2], dont l'abbesse, qui est jeune, est madame de Villefore, sœur propre de madame la marquise de Pelleport, veufve de monsieur de Pelleport, lieutenant général des armées du roy, qui y étoit avec mademoiselle sa fille, depuis sept ans en pension. Le confesseur est dom Félix Saint-Marc, âgé de 66 ans, profès de Vauclair, homme sage ; le procureur est dom Massé, jeune homme, profès d'Ourscamp. Devant la porte de cette abbaye

---

1. Geneviève de Ver de Villers, depuis le 13 avril 1719.
2. L'abbaye d'Argensolles, fondée en 1224 par Blanche de Navarre, comtesse de Navarre, et son fils Thibaut IV le Grand, comte de Champagne.— Argensolles fait aujourd'hui partie du département de la Marne, arrondissement d'Épernay, canton d'Avize, commune de Moslins.— Dans le *Voyage littéraire de deux religieux bénédictins*, on lit, sur l'abbaye d'Argensolles, ce qui suit : « L'abbaye d'Argensoles, qui n'est qu'à une lieuë de là (la Charmoye) a été fondée pour des religieuses du même ordre de Cîteaux, par Blanche, comtesse de Champagne et de Brie, et reine de Navarre. Elle acheta en 1220 le fond de Raoul, abbé d'Hautvillier, et y mit des religieuses en 1222, quoique le principal titre de la fondation ne soit datté que de l'an 1224. On voit derrière le chœur des religieuses cette princesse représentée, quoiqu'elle n'y soit point enterrée. Mais elle leur donna beaucoup de reliques, qui sont dans le trésor avec des inscriptions grecques. On y voit entr'autres un petit oratoire, qui étoit apparemment celui de cette princesse. » T. II, II, p.76.— Cf. infra.— En marge est écrit : Fondée dez l'an 1222, par le conseil du B. Arnoul, convers de Villers-en-Brabant.

est un poteau sur lequel est une sauvegarde. On entre dans
une cour où sont les écuries, puis on passe sous une porterie,
qui est un gros batiment ayant bas et haut [1]. Grande cour,
l'apartement des confesseur et procurcur, celui de madame
l'abbesse au dessus; l'église sur la gauche; l'entrée du cloître,
à droite. Cette maison est réformée; on y vit bien; elles se
lèvent à deux heures, portent la serge sur elles et leur couches.
L'église est large, voutée, ancrée au haut d'espace en espace,
par des longues barres de fer qui percent les murailles de part
en part, et sont un peu façonnées en rozettes au dedans de
l'église. Le chœur est beau, parqueté; il a, au devant, deux
autels; la porte de la cloison fermée est au milieu; au dessus
d'icelle est le presbytère, où est enterré dom Arnolphini, religieux de Clairvaux, visiteur de la réforme. Plus haut et au
pied du premier degré du sanctuaire, on voit la tombe de dom
Lopin, élu abbé de Cisteaux, mort au lieu de Vertus [2]. L'on
nous dit dans cette abbaye, que l'on y tenoit par tradition que
le dit dom Lopin fut empoisonné par un de ses religieux, qui
lui donna un breuvage. Son épitaphe est sur un cartouche de
papier soutenu de deux rouleaux de bois, attaché au pilier du
côté de l'évangile. Il a laissé à cette abbaye [3] sa chapelle qui
est de vermeil, consistant en croix, calice, chandeliers, burettes, etc.

L'on y conserve décemment quantité de belles reliques et
reliquairs, même de la vraye croix; chacune a son étiquet. Il
y a beaucoup d'argenterie et beaux ornemens. Elles disent
avoir un saint suaire, qui leur vient d'un particulier de la ville
de Chatillon-sur-Marne. Le maître autel est beau. Il y a des
orgues. Voici l'épitaphe de dom Lopin de Citeaux :

1. En marge est écrit : Pour le nombre de 100 religieuses et au dehors
vingt religieux et des domestiques à proportion.
2. Vertus, département de la Marne, arrondissement de Châlons, chef-
lieu de canton.
3. En marge est écrit : Argensolles est la première et l'aînée des filles
religieuses de Clairvaux. Dom Claude Largentier, 45e abbé de Clairvaux,
empescha la translation d'Argensolles à S. Germain-en-Laye, que l'abbesse
vouloit faire sur la permission du Roy qu'elle surprit. La procédure est aux
archives de Clairvaux. On voit dans un extrait des regîtres du Parlement
que la Cour a ordonné, par arrêt du 20 mars 1544, que doresnavant où
l'abbesse d'Argensolles voudra et autres, religieux et religieuses, proposer
aucunes récusations contre les supérieurs de son ordre, elle les présentera
au chapitre général du dit ordre pour y être pourvû sans se pourvoir par
devant les juges séculiers.

Jacet hic
infesto conditus lapide
vir clarissimus et supra modum illustris
D. D.
Eudovicus Loppin
titularis prior de Monchiaco Petroso
Cistercii abbas generalis electus
anno reparatæ salutis 1670, *die* 29 *martis ætatis suæ* 62.
Huic in Burgundiâ Bellogardium fælicia dedit natalitia,
Sed Cistercium longè feliciora, quia religiosa.
Egit diù cellerarium procuratoremq. in hac perangustâ domo.
Exindè Chantilliacum missus
fuit serenissimo principi Condæo ab elemosinis et consiliis.
Juris ille canonici doctor in scholâ parisiensi inauguratus est.
Quem electum Cisterciensem sic probavit Rex
Quod diploma confirmationis apostolicum ipse litteris suis a
pontifice postulaverit.
Sed heu! luctuosa funestaque fata!
Repetebat Cistercium
Cùm ecce in viciniori pago cui Virtutum nomen est,
Premente stomacho, ardente pulmone, assiduâque febri,
● *Corpore toto exæstuante*
Obiit
Die sextâ maii ejusdem anni
Divina licet sacramentorum charismata pro fine habuerit.
Ora tamen, viator, ut quietus electorum sorte fruatur.
Amen.
Æternum hocce gratitudinis suæ monimentum
Abbati suo amantissimo
Lugentes posuere religiosi Cistercienses
D. Blasius Leaulté
Doctor theologus parisiensis, prior de Thonoteto,
vicarius generalis in provincia,
Et
D. Joachimus Matthieu de la Pierre
Rector collegii Sinanquæ.

Derrière le chœur, au bas des orgues, est une longue tombe
élevée de terre sur des lyons, représentant la comtesse
Blanche de Brie et Champagne [1], laquelle a fondé l'abbaye

---

1. Blanche de Navarre, femme de Thibaut II, comte de Champagne.

d'Argensolles [1], au tour de laquelle est gravé : *Icy se voit la véritable représentation de Blanche, reine de Navarre, comtesse de Brie et de Champagne : qui par révélation divine fonda le monastère d'Argensolles en l'an 1222 et par une singulière libéralité le dotta de quantité de beaux revenus. Priés Dieu pour le repos de son âme.*

Au pied du degré du sanctuaire de l'église d'Argensolles est une longue tombe à fleur de terre sur laquelle on lit : *Cy gist le R. P. dom Joseph Arnolfiny, docteur en théologie, abbé de Chatillon, ordre de Cisteaux, au diocèse de Verdun, vicaire général pour les maisons de l'étroite observance du dit ordre, qui décéda en ce dévot monastère d'Argensolles, chargé de vertus et de mérites, âgé de 56 ans, le 28 octobre 1656. Priés Dieu pour son âme.*

On croit que le dit dom Arnolfiny, italien de nation, étoit religieux profès de l'abbaye de Clairvaux [2].

Abbaye de la Charmoye [3]

Le samedy, vingtième du dit mois de juin, nous partimes toujours accompagnés de dom prieur d'Igny, et un guide d'Argensolles, sur les dix heures du matin, arrivames vers le midy; nous nous y arrestames un peu. Monsieur l'abbé dom Mallon-Nicolas Gruel, depuis 1734, assez incommodé des hémoroïdes, prend l'air quelquefois. Il étoit pour lors à leur ferme de Chavado, distante de deux lieuës, qui est un vignoble. Dom Reims, sous-prieur, car il n'y a pas de prieur, et les autres religieux nous reçurent assez bien. Nous vismes d'abord l'église qui nous paru belle dans son sanctuaire, le chœur, les chapelles, derrière, et le grillage de fer doré dans la nef, fort propres et neufs. La sacristie occupe les deux chapelles à l'orient

1. En marge on lit : On voit écrit en lettres gothiques sur une relique :. *Hoc est caput sanctæ Auditæ.* Elle est enchâssée en argent doré. On y lit : *La comtesse Blanche de Champagne me ft pour Dieu, qui la mort requit.*
2. En marge est écrit : D. Joseph Arnolfiny étoit natif de Lucques en Toscane, religieux profès de Clairvaux, naturalisé françois, par lettres du Roy en 1622, déposées aux archives de Clairvaux.
3. La Charmoy, abbaye fondée en 1167 par Henri Ier, comte de Champagne. — La Charmoy fait aujourd'hui partie du département de la Marne, arrondissement d'Épernay, canton et commune de Montmort. — On lit dans le *Voyage littéraire de deux religieux bénédictins* : « A deux lieues d'Orbais est l'abbaye de la Charmoye de l'ordre de Cisteaux, fondée par Henry, comte de Troyes, où il y a un abbé régulier. Le monastère est assez joli, mais il doit toute sa beauté à la réforme; il n'y a rien de remarquable que quelques tombeaux des messieurs de Conflans. » T. II, II, p. 76.

du côté du dortoir ; auprès du crucifix, au dessus de la table où le prestre s'habille, est dans un moyen cadre simple un saint Bernard assez bon, dont le capuchon tient au collet de la coulle.

Dans le dortoir qui est peu de chose sont de beaux orne-mens, mitre, crosse ; logis de monsieur l'abbé contigu, bien conditionné ; ensuite l'infirmerie, des escaliers de pierre à rampes de fer ; cloitre à quatre allées, petit chapitre, au devant duquel il y a tombes et figures du comte Henry [1], fondateur et de son épouse ; il y a un réfectoir, où on fit boire de bon vin à nos domestiques ; on nous introduisit dans la salle où dégou-toient nos manteaux percés d'une forte et longue pluye, et par honnêteté nous cédames aux empressemens et saluames la santé des religieux au nombre de quatre ou cinq, par un verre de vin blanc, et retournames aussitôt à la cour reprendre nos chevaux que nous avions défendu qu'on fit entrer dans l'écurie. Tout cela se passa en une demie heure.

Abbaye du Reclus

Nous arrivames à l'abbaye du Reclus sur les cinq heures du soir ; nous y trouvames dom J. de Vaux, profès de Vauclair, prieur ; dom Baptiste Henon ; dom Jean Aublet ; dom Jean-Simon Grisez, tous trois profès du dit Reclus [2], et composant la communauté, auxquels nous remimes une lettre de monsieur l'abbé de Vauclair, dom Robert Gassot, et leurs fismes part de ce que nous y avions fait touchant leur abbaye dont nous de-mandions leur consentement, qu'ils donnèrent aussitôt par écrit et leur signature, au bas de l'écrit et des signatures de Vauclair, sans prendre le temps de délibérer comme nous leurs en offrimes le loisir, faisans le tout avec grande joye, qui parut d'ailleurs dans leur bon accueil, bons traitemens et fort bonne mine. Il n'y a qu'un lit dans la maison, qu'ils ont sur-nommé pour cela œcuménique. Monsieur l'abbé de Marcilly l'occupa et y fut fort piqué la nuit par les cousins de mouches. Dom prieur et moy fumes coucher au logis abbatial qui est tout joignant, beau et commode en batimens, meubles, et grands jardins. Les religieux ne sont pas bien logés à tout égard ; leur maison se sent des guerres, de la minorité de notre

1. Henri Ier, dit le Libéral ou le Large, comte de Champagne, de 1152 à 1180 ou 1181, et sa femme.
2. En marge est écrit : Monsieur de Clairvaux en partit le 3 août 1744 pour en prendre possession.

feu roy Louis quatorze, dans ses batimens et dans ses biens. Il y a là un religieux que l'on dit bien discol, corrompu dans ses mœurs et scandaleux, dom Baptiste Henon. Il y a un côté de cloitre vouté ; le chapitre ancien subsiste, mais quoy qu'ouvert, il est plein de matériaux ; ils ont un jardin, un réservoir ; et au bas de la maison, la rivière qui leur fournit du poisson. Ils sont réformés.

Le lendemain, dimanche, après avoir ouy la sainte messe, nous partimes sur les sept heures, accompagnés de dom prieur d'Igny, qui nous quitta après environ deux heures de chemin pour retourner chez luy, fumes diner au bourg de Bergères [1] distant de sept lieuës, y trouvames de fort bon vin de Vertus qui n'est qu'à une demi lieuë. L'église paroissiale est belle [2] ; bonne et harmonieuse sonnerie. Nous continuames notre route par une très grande chaleur, dans un pays désert et arrivames à Chaalons sur les six heures.

Nous sortimes de Chaalons le lendemain, lundy, vingt deux, pour nous rendre à l'abbaye de Moutiers, distant de huit ou neuf lieuës, ennuyantes par le désert du pays, passans par Frécul [3], Coupeville [4], et arrêtans à Fresne [5], où le vin très mauvais, d'une couleur bleuë.

L'Abbaye de Moutiers en Argonne

Nous y arrivames le soir sur les cinq heures. Cette maison est bien dans les bois, et environnée d'étangs. L'église n'a point de clocher. On dit qu'elle n'en a jamais eü. Elle est bien bastie, sans être finie, mal saine, verte et mal propre, élevée, large ; chœur ancien, bonne boisure et sculpture ; douze staulx de chaque côté, non compris les trois du dossier. Entre les places de l'abbé et du prieur à vespres, sont deux grands paillassons qui en ferment l'entrée. On y voit les ouvrages de

1. Bergères, département de la Marne, arrondissement de Châlons, canton de Vertus.
2. L'église de Vertus, bâtie au-dessus de la source de la Berle, est du XIIᵉ siècle ; le portail est du XVᵉ. Elle possède une crypte curieuse divisée en trois compartiments, avec des statues et des pierres tumulaires très-anciennes. Elle est au nombre des monuments historiques.
3. Fraiscul, département de la Marne, canton de Heiltz-le-Maurupt, commune de Bussy-le-Repos.
4. Coupéville, département de la Marne, arrondissement de Châlons, canton de Marson.
5. Fresne, département de la Marne, arrondissement de Reims, canton de Bourgogne.

saint Bernard, dans lesquels on fait lecture avant complies. Il
y a au premier feuillet un portrait de saint Bernard, qui est
assez revenant, mais que je n'avois pas encore vu nulle part.
Les chaises des célébrant et ministres dans le sanctuaire sont
au nombre de quatre comme à Clairvaux. Un long tabernacle
revêtu d'argent en feuilles ouvragées, six gros chandeliers et
une moindre croix d'argent; belle croix à deux croisans, qui
renferme un morceau considérable de la vraye croix, couvert
d'une lame de vermeil à charnière, ornée d'un beau filigramme,
devant et derrière; on ne l'expose qu'aux grandes fêtes. De
chaque côté du grand autel, un grand cartouche, au pillier
portant armoiries, inscriptes au bas : *Armandus Gasto cardi-
nalis de Rohan* 1729 [1]. Près du dit grand autel, est une grande
et belle piscine; sacristie en son lieu ordinaire, de plein pied à
l'église, ayant jour à l'orient et au midy, belle, voutée, propre ;
bel ornement blanc complet; trois calices d'argent dont l'un
fort bien cizelé et sculpté; autre belle argenterie, trois cloches.
Paroisse en forme pour tous sacremens. prosnes, pain bénit ;
la place de l'abbé à vêpres distinguée de celle du prieur. On
monte au dortoir par un bel escalier nouveau de pierre, à rampe
de fer; il est vouté, beau ; jours au midy et au couchant; les
cellules à l'orient au nombre de douze. Il y a en outre deux
portes, comme de cellules, mais l'une pour l'horloge, l'autre
pour les nécessaires, aussy une grande arcade, qui conduit à
une grande classe crasseuse et mal rangée. Il y a trois cheminées; on parle d'en faire une quatrième.

Il n'y a pas de bibliotèque; il y a quelques livres par cy,
par là, dans la maison.

Du dortoir on va, descendant une marche, à un courroir qui
distribuë dans quelques chambres, dit on, de capucins, d'infirmes, et de dames que j'y ay vûs. De ce couroir on entre
dans un autre où est l'apartement du prieur et quelques chambres d'hôtes au couchant sur l'entrée ; pas loin, est la chambre
de dom procureur; assez près, sont les greniers; deux salles
d'hôtes en bas, belles, grandes et magnifiques, un cabinet à
mettre les desserts, et un potager à laver la fayance.

La chambre d'honneur est au bout sur le midy et le couchant;

[1]. Armand-Gaston-Maximilien de Rohan, né le 26 juin 1674, à Paris,
mort dans cette ville le 19 juillet 1749. Chanoine, puis évêque de Strasbourg,
cardinal en 1712, abbé de Foigny, de la Chaise-Dieu et de S. Waast d'Arras;
de l'Académie française et membre honoraire de l'Académie des inscriptions;
proviseur de Sorbonne, etc. On a sous son nom un Rituel de Strasbourg.

la chambre du domestique auprès, dans laquelle on met du bois ; grande belle cuisine voutée, pilier au milieu, un puits, dépense commode dans laquelle le dépensier me fit voir un sabre, tambour et deux pistolets, qu'il y conserve, pour être les marques de l'attaque faite en 1669, contre leur abbaye par un party ennemy, dont le capitaine nommé la Traverse y fût tué, du clocher, par un religieux, qui en retira les effects susdits.

Les soldats se retirèrent promptement ; on leur laissa emporter le corps de leur capitaine, qu'ils portèrent dans une ferme, où quelque religieux de la maison fut invité d'aller sur la demande du moribond, qui reçut volontiers les avis de salut et mourut avec œdification. On l'enterra à l'abbaye de Moutiers.

On a collé sur le dit sabre un papier sur lequel on voit encore la rélation brefve de cette attaque et de la bonne défense.

Le réfectoir est grand, vouté dans la longueur de deux pilliers qui partagent le réfectoir ; les tables et les bancs sont rangés d'un côté, l'autre côté est libre au passage. Les jours sont sur le jardin au midy. Ils mangent en chaperons noirs ; ils prennent leur coulle pour les grâces, qu'ils vont finir à l'église.

Les cloitres sont beaux, longs, larges, fort propres, bien blanchys. Le chapitre où ils vont chaque jour lire le martyrologe est propre, bien vouté, un pilier de chaque côté. Il y a des tombes au nombre de seize, qu'on peut déchifrer.

Trois fenestres à l'orient ; garni de bancs à trois rangs ; la place du supérieur plus élevée ; le degré pour y monter sert de coffre avec serrure ; un pulpitre simple ; une grande croix et crucifix à la place du supérieur ; un ancien carrelage en compartiment ; une tombe au pied de l'entrée dans le cloitre ; au-dessus de la porte à deux battans de menuiserie, est une petite fenestre quarrée.

Près le chapitre, montant à l'église, est une niche dans la muraille fermée d'un chassis dormant, et d'un autre où on voit qu'il y a eu du verre ; dedans c'est une sainte Vierge de pierre tenant son enfant Jésus.

On lit au pied :

Dulcis amica Dei, rosa vernans atque decora,
Tu memor esto mihi, dum mortis venerit hora.

Dans le cloitre de la collation, il y a, à la muraille d'appuis, deux grosses pierres rondes, qui ont un gros ventre, à mettre

ou vuider l'eau du *mandatum*, les samedys et le jeudy saint.
Le siége au chapitre du supérieur est comme un fauteuil. Du
cloitre on monte huit marches, à l'église; auprès et dans le
cloitre du côté du chapitre, on voit trois pierres en cercueil
sous une arcade dans la muraille, fort élevées, sans inscription. On n'y connoit rien.

Les chantres entonnent au prieur l'antienne de *Magnificat*
et celle de la rentrée dans l'église ès processions.

On dit que les cellules du dortoir sont séparées les unes des
autres par des murs de pierre.

Ancien portail de l'église en bon état, grandes anciennes
fenestres.

On lit sur la porte intérieure, 1538 :

Terribilis est locus iste : hic domus Dei est et porta cœli.

Chapelle de chaque côté, mais en mauvais ordre. On entre
dans l'église par celle qui est du côté du septentrion. On voit
dans l'église les bancs rangés pour les paroissiens qui répondent à une chapelle particulière.

Il y a trois beaux escaliers à rampes de fer. Le jardin est
grand, vaste, beau; plusieurs terrasses que l'on descend, la
première par des degrés de pierre, les autres de gazon; des
allées couvertes, des cabinets; le bois est tout proche; il y a de
grands canaux qui entourent en partie le jardin; au delà est
un ruisseau; ils ont près de leur abbaye une bonne thuillerie,
depuis environ quatre ans.

La communauté est composée de dom Lequeux, prieur;
dom la Framboisière, procureur; dom Viesse; dom Fornet;
dom Delamorre; dom Mayeur, sousprieur; dom Guisne, lecteur de philosophie, et de six jeunes étudians, qui soutinrent
thèses assez joliment, partie en latin, partie en françois. Je
demanday à dom prieur et à dom procureur s'ils avoient quelques monumens d'antiquités, soit en écriture, soit en figures,
ou autres, qui regardassent saint Bernard, ou l'établissement
de leur maison. Ils m'assurèrent n'avoir en tout, autre chose,
que ce qui suit exactement tiré d'un parchemin vieux.

*Extrait d'écriture gothique sur un grand et vieux parche-
min de l'abbaye de Moutiers en Argonne, sur le lieu en 1744.
— Fondation de l'abbaye de Moutiers en Argonne et ses dix-
huit premiers abbés réguliers.*

*Igitur donnus Gervasius Virdunensis, primus scilicet abbas
veteris monasterii de ordine cisterciensi,* (les religieux de

Moutiers assurent que les chanoines réguliers occupoient avant eux le vieux Moutiers, qui est une de leur ferme dans le Barrois et le diocèse de Toul, à une lieuë de leur abbaye en Argonne, que ces chanoines se donnèrent à l'abbaye de Trois Fontaines, embrassans l'institut de Clairvaux, et furent religieux du vieux Moutiers), *in fervore sancto et numero monachorum cultum Dei ampliavit et Deus terminos et possessiones ecclesie dilatavit. Videns autem vir sanctus quod quasi in fine possessionum suarum esset ecclesia, visum est ei bonum esse et utile ut ad locum istum cenobium transferretur. Locus autem iste tunc erat invius et pro condempsitate silvarum horridus et opachus in tantum ut latronum latibulum diceretur. Itaque prudenti fretus consilio a venerabili Bosone, Cathalaunensi episcopo, licentia transferendi cenobium petita et obtenta, ipsum cenobium transtulit de veteri monasterio ad locum istum conventumque adduxit circa annum Domini M. C. et LX et materiam preparans ecclesie, edificavit plurimas officinas cumque abbatia Trium fontium abbate careret, factus est donnus Gervasius abbas Trium fontium anno Domini M. C. LXIIII, prefuitque ibi per triennium et postea resignavit. Per illos tres annos intus fuit abbas secundus prior de Cheminon, nomine Nicholaus. Post hujus obitum, secundo factus est abbas donnus Gervasius cum exultatione maxima monachorum. Hic, estuens desiderio construende ecclesie, valde viriliter cepit materiam preparare. Cum autem tunc essent secula aurea, ceperunt vicini unanimiter juvare in ecclesia construenda tantaque erat eorum devotio ut cum panis ad portam poneretur in calato, nulli de eo acciperent, nisi forte buccellam panis, quam tamen pro benedictione habebant, et familie tanquam panem benedictum dividebant. Accipere enim res ecclesie arbitrabantur sacrilegium esse. Predictus bone memorie Gervasius, morte preventus, ecclesiam non potuit consummare. Post ipsum vero fuit abbas tertius donnus Hugo de Brieio, prior de Tribus fontibus. Iste tantum octo mensibus prefuit, et postea resignavit. Post hunc fuit abbas quartus donnus Dei amicus, monachus de Valle sancte Marie. Hic per tredecim annos prefuit et in ejus depositione, ecclesia scandalizata pro excessibus ejus fuit*[1]. *Anno Domini M. CC. VI, factus est abbas quintus donnus Adam, monachus hujus domus, qui per IIII annos et dimidium prefuit, et postea resignavit. Post hunc fuit abbas sextus donnus Guido*

---

1. Le *Gallia Christ.*, t. IX, col. 969, mentionne comme 5e abbé de Moutiers Robert Ier, de 1202 à 1203.

de Rinel per dimidium annum, et factus est abbas Trium fontium. Abbas septimus fuit donnus Robertus, Longi pontis cellerarius, qui post quinquennium factus est abbas Trium fontium. Hic paterna autoritate nobis abbatem octavum dedit donnum Guillermum cellerarium Longi pontis. Abbas nonus fuit donnus Anseriscus, monachus hujus domus, per unum annum et quinque menses, et postea resignavit. Decimus abbas fuit donnus Lotharius, cellerarius domus hujus, per duos annos tantum; hic est qui in capitulo in medio abbatum tumulatur. Undecimus abbas fuit donnus Matheus, vir magnanimus, bursarius hujus domus. Iste edificavit dormitorium et refectorium monachorum et contra dominum de Possessa viriliter se habuit, et nobis plures redditus acquisivit; attamen abbas non decessit. Duodecimus abbas fuit donnus Gerardus, prior Ygniaci, qui, postea depositus, ad domum propriam remeavit. Anno Domini M. CC. XI, mense octobri, vir venerabilis, apud Deum et homines gratiosus, donnus Michael, cellerarius domus hujus, natione burgundus, factus est abbas tertius decimus. Hic in quatuordecim annis quibus tantum prefuit, nobis plures redditus acquisivit; insuper fontem adduxit et fecit claustrum et dormitorium conversorum. Tempore ipsius fercor ordinis viguit. Ecclesia amicos principes et pacem cum omnibus habuit. Anno autem Domini M. CC. LIIII, decessit et secundo loco in capitulo fuit tumulatus. Quartus decimus abbas fuit vir religiosus, vel potius sanctus, ut credimus, donnus Guillermus monachus Ursi campi. Iste abbas fuerat Trium fontium et jam spontanee resignans redierat apud Ursi campum. Fuit autem abbas intus fere annis tribus, et migrans in gloria in capitulo est tumulatus. Quintus decimus abbas fuit donnus Stephanus, monachus domus hujus. Sextus decimus abbas fuit donnus Vincentius, qui fuerat prior domus hujus. Hic per duos annos prefuit et decessit. Septimus decimus abbas fuit donnus Dodo, monachus domus hujus. Iste octo annis prefuit, et postea in capitulo generali, cum multitudine abbatum depositus, pro eo quod contra diffinitores generationem Clarevallensem opprimentes, ut videbatur plurimis loqueretur. Octavus decimus abbas fuit donnus Milo de Damerio.

Icy finit l'écrit gothique du parchemin, collationné à l'original par nous soussignés, prieur et procureur dans notre abbaye de Moutiers en Argonne, le jourd'huy vint cinquième jour du mois de juin de l'an mille sept cent quarante quatre. — Ainsi signé : f. N. LEQUEUX, prieur; f. Fr. de la FRAMBOISIÈRE, procureur.

Abbaye de isle en Barrois

Le samedy 27ᵉ juin, nous fumes à l'abbaye de Lisle en Barrois, filiation de Morimond, distante de quatre lieues de Moutiers, diocèse de Toul [1], accompagnés de dom Lequeux. prieur du dit Moutiers. L'avenuë est belle, bien dégagée; la porte et la cour d'entrée est belle, spatieuse, conduit à une terrasse large et de la longueur de la face du logis des hôtes, qui est belle, quoyque les dedans n'en soient pas beaux. Les quatre allées de cloitre sont petites, mais blanchies, propres, le chapitre en ét?ᵗ bien boisé; sur la droite et près d'une des fenêtres d'icelui est un cabinet qui sert présentement de sacristie, parce que le dit chapitre sert d'église. On y célèbre les saints mystères, le service divin; le saint sacrement y repose dans le tabernacle; il y a lampe clairante, parce que l'église est ce qu'ils appellent *exécrée*.

Ils entendent par ce terme, qu'elle est en suspens des exercices ecclésiastiques, et pourront les y rétablir, dès qu'elle sera réparée, sans formalité ny cérémonie; embarras, disent les religieux, qu'ils n'auroient pu éviter, si l'église avoit été interdite. Elle est belle, longue; beau sanctuaire; beau chœur nouveau; la couverture en thuiles creuses pesoit sur la voute immédiatement; c'est ce qui à la suite des temps a surchargé la voute et fait écarter les murailles, et met en danger la dite église.

On y remédie actuellement, et on fait une charpente pour recevoir les thuiles. La sacristie est de plein pied, fort mignone, nouvelle, à trois autels fort propres; le chapitre a deux piliers. Du cloitre on monte à l'église par onze marches. L'ancien réfectoir est vouté, sans pilliers, beau en dedans et en dehors. On dit qu'il menace ruine. Leur réfectoir d'usage est petit, mais joly, propre. Ils y ont un saint Bernard, sans crosse, sans instruments de la Passion. Le dortoir assez long pour treize chambres. J'en ay vu une bien conditionnée qui a une cheminée. Il est lambrissé et propre; auprès et en dehors est une chambre d'infirmerie, où nous trouvames le père souprieur qui est aussi lecteur en philosophie; plus loin est l'apartement du père prieur, assez propre. Il a des livres, mais sans bibliotèque.

1. L'abbaye de Lisle-en-Barrois fut fondée en 1114. — Lisle-en-Barrois fait partie du département de la Meuse, arrondissement de Bar-le-Duc, canton de Vaubécourt.

Les jardins sont grands et spatieux; on fait dans le milieu un canal revêtu de pierres de taille.

Le portail de l'église, qui est en entier, bien vouté, est bas, de la largeur seulement de la haute voute de l'église. A droite du portail, c'est-à-dire du côté du midy, est une haute tour quarrée, en pierre bien ouvragée, qui finit par une plate-forme et gallerie, sur laquelle est un clocher de bois. Il y a quatre grosses et quatre petites cloches qui font une bonne, forte et harmonieuse sonnerie. L'horloge est gros et se fait bien entendre. Les religieux chantent et psalmodient fort pausément.

La paroisse est un peu éloignée, c'est une petite chapelle dont saint Christophe et saint Fiacre sont patrons. Elle est lambrissée; il y a une chaire à prescher, une tribune, fonts baptismaux, sans visite d'évêque. On y marie; on donne le pain bénit. Il y a plusieurs maisons autour. Elle est composée de trente-trois ménages.

C'est dom Desfossés qui en est curé. Il est aussy maître d'hôtel. Les religieux sont propriétaires du séminaire ou collége de Bar-le-Duc. Ils ont pour abbé perpétuel monsieur le primat de Nancy, aujourd'hui monsieur de Choiseul[1], frère de monseigneur l'évêque de Châlons-sur-Marne[2].

Dom Aubertot, prieur; dom Nollé, procureur; dom Bayonne, souprieur et lecteur de philosophie; dom Desfossés, curé et maître d'hôtel; dom Breton, de Bar, dépensier, et des jeunes religieux en philosophie, qui font douze de communauté. Ils lisent les ouvrages de saint Bernard avant complies, après la collecte qui suit *Sub tuum præsidium*. Ils en disent une singulière, contre la peste. Comme à l'abbaye de Moutiers, nous y avons vû le grand maître des eaux et forêts, monsieur de Mussey, de Neuchateau, très-digne homme. Il parle d'une ordonnance pour les bois, par Léopold, duc de Lorraine, en 1700, et d'un supplément en 1724, comme d'un livre admirable.

Abbaye de Sainte Hoïlde

Le vingt neuf de juin nous partismes de l'abbaye de Lisle, accompagnés de dom Lequeux, prieur de Moutiers, et nous arrivames sur les sept heures et demie dans l'abbaye de Sainte Hoïlde, où nous trouvasmes madame de Maucourant, abbesse, en bonne santé, aussi bien que les mères Delalande, ancienne; Forestier, prieure; Duvivier, cellerière, sœur de madame

1. Antoine-Clériadus de Choiseul-Beaupré, 1742-7 janvier 1774.
2. Claude-Antoine de Choiseul-Beaupré, 15 mars 1734-1767.

l'abbesse ; de Secqueville, parisienne, sacristine ; la Huproie, portière ; de Montreuil. grenetière et infirmière ; de Lescalle, Alliot, et toutes autres au nombre de quatorze, dismes la sainte messe avant celle de communauté.

On nous dit que dans l'appréhension des partys ennemis, on avoit mis en seureté les meilleurs effects de la maison, comme calices, à la réserve d'un seul, duquel nous nous servismes. Il y a dans cette maison une relique considérable de saint Antoine, l'un de ses bras, si je ne me trompe. Il a une chapelle et autel particulier, sa statue en grand, de pierre de Savonnière, sur l'autel. Cette maison est bien bastie, belle. propre, en ordre au dedans et dans leurs formes par l'intelligence et la bonne conduite de madame l'abbesse qui a un donné, nommé Briot, homme fort entendu, zélé.

La ville de Bar

Le mardy 30ᵉ juin, à sept heures et demie du matin, nous entrames dans la ville de Bar, pour la seconde fois. Elle est du diocèse de Toul. dont est évêque monseigneur Scipion Jérosme Bégon. Il y a ville haute et ville basse. Le château a été détruit par les ordres de notre bon roy Louis 14. Nous y avons vu entre autres personnes, après la famille de monsieur Macuson, monsieur le comte de Francemont ; monsieur de Vandières, procureur général de la Chambre des comptes de Bar, et monsieur son fils, procureur du roy ; monsieur Drouin ; monsieur Aubry, avocat fameux et syndic de la ville ; monsieur Roger ; monsieur Colin, avec lesquels nous avons mangé chez monsieur le docteur médecin Macuson. C'est un grand, beau et bon vignoble autour de Bar. Ils vantent leurs vins de Corotte. Richard Brifflot y est libraire-imprimeur ; il a pour compagnon un nommé Chisseret, frère de dom Chisseret. Il y a deux paroisses, une collégiale, des augustins, des minimes. des capucins, des bénédictins, curés primitifs, des sœurs de sainte Claire, de la grande réforme. On mange à Bar de fort bonnes truites.

Abbaye de Trois Fontaines

Le vendredy 13ᵉ juillet, nous arrivames à neuf heures du matin dans l'abbaye de Trois Fontaines[1], dont la porte d'entrée

---

1. L'abbaye de Trois-Fontaines fut fondée en 1116 par Hugues, comte de Vitry, Pierre le Vénérable, abbé de Cluny, par les abbés de S. Pierre de Châlons et par les chanoines de Compiègne. — Trois-Fontaines fait partie du département de la Marne, arrondissement de Vitry-le-François, canton de Thiéblemont.

est neufve et belle, puis une grande cour, une gallerie basse et haute, qui distribue dans le bas et point dans le haut. On passe dessous pour entrer dans une autre plus grande cour qui a de côté et d'autre des batimens, et au bout une autre belle gallerie comme la précédente. On passe dessous pour entrer au jardin. De cette cour on entre dans la salle des hôtes qui est grande et propre. Du vestibule on monte par un grand escalier à l'apartement de dom prieur, à la bibliotèque qui est sur ladite salle, bien boisée et garnie de bons livres, même manuscrits [1]; elle a ses jours au midy et au couchant, de plein pied on entre dans un corridor où loge notre vénérable et très-sage maître dom Beuscher, docteur de Paris, ancien prieur de Trois Fontaines, qui a si bien fait pour tout.

Quelques chambres pour les infirmes, et de là on va aux orgues.

Du vestibule en bas, on va dans un couroir où loge dom Lambert, curé de la paroisse ; de là au cloitre qui est beau. On n'y voit, ny dans l'église, aucune tombe, ni mausolée, ni inscription. Le réfectoir, qui tire ses jours du midy, est assées grand, propre ; le chapitre bien boisé, propre, a 3 fenestres à l'orient.

Les religieux vont chaque jour au chapitre après les primes. On voit aux pieds du président trois tombes, dont celle du milieu qui a le haut à l'orient, porte : *Cy gist li abbes Gerars qui morut l'an noostres Signor* M. CC. XC. VI. *Proie pour lui.* Sa crosse qui ne passe pas ses yeux, à la droite ; un livre à la gauche, en habits sacerdotaux. Au bas de son aube est une broderie comme à l'aube de saint Bernard, que les pères chartreux du Mont Dieu conservent avec sa chasuble et autres effects, avec beaucoup de révérence.

Le chœur des religieux est ancien, mais bon et propre ; le sanctuaire est petit et bas ; la table d'autel a dix pieds de longueur. L'Annonciation sur toile fait le retable sous un pavillon de pierre à six colonnes ; deux arcades de chaque côté, ornées d'anges, de pots de fleurs ; figure de la sainte Vierge au milieu, au haut du retable. Il y a comme à Clairvaux une menuserie de quatre siéges pour le célébrant et les diacre et sous-diacre,

---

1. Les manuscrits de l'abbaye de Trois-Fontaines sont passés dans la bibliothèque de Vitry-le-François. M. Hérelle en a publié le catalogue, sous le titre de *Catalogue des manuscrits de la bibliothèque de Vitry-le-François.* Paris, H. Menu, 1877, in-8° de xv-84 p. — Voyez aussi *Notice sur les manuscrits de la bibliothèque de Vitry-le-François,* par M. G. Hérelle, professeur de philosophie. Vitry-le-François, typogr. Pessez et Cie, 1876, in-8° de 33 p.

dix-neuf chaises au chœur, non comprises les trois du dossier; priez-Dieu derrière et de la largeur du dossier; chœur des infirmes. Toute la voute de l'église est assée basse et de peu de largeur; grillage de fer à la nef; chapelle de saint Hubert; chaire de prédicateur; grande pierre à eau bénite, embrassée par un ange, collé au pilier près l'escalier du dortoir qui est commode à monter. Dans une chapelle près de la sacristie, on voit les armoiries de la maison des Legoux de la Berchère [1]; des essuye-mains au dehors de la sacristie *ante missam; post missam.*

La sacristie est grande, propre, bien boisée; ornemens blancs fort beaux; ancienne et belle double croix; beaux reliquairs; argenterie, soleil, lampe, etc. Elle a deux fenestres à l'orient, entre lesquelles est une grande armoire qui renferme deux coffres de reliques; deux tables de reliques, cinq calices.

L'orgue touche la post-communion, ne touche pas les antiennes de vêpres. On fait lecture avant complies dans les œuvres de notre père saint Bernard. Le dortoir est beau; la classe et la chambre du lecteur est voisine. Il y a un corridor où loge dom sousprieur, quelqu'ancien, infirmes, choriste et communique à l'apartement de dom prieur. Les cellules des religieux sont grandes, donnent à l'orient sur le jardin. J'y en ay vû une, à cheminée pour un religieux bien incommodé. Au bout du corridor de dom sousprieur, il y a un assez grand tableau sur toile, qui représente saint Bernard avec les instrumens de la Passion. Il y a une sainte Face et un drapeau sur lequel est le signe de la croix.

Le portrait du saint est assez bon, et ressemblant à ceux de Clairvaux.

La chambre du procureur en bas sur la droite en entrant dans l'abbaye au bout de la première galerie, est assées commode; les jardins de communauté sont grands; vastes, belles allées de charmilles; douze figures à hauteur d'hommes répandues par le jardin: la sainte Vierge, saint Benoist, saint Bernard, autres figures de lyons, de pots de fleurs; les jardins de particuliers religieux; figure à son pied d'estal; il y a des jets d'eau, des terrasses; il y a une petite apoticairerie, aux soins du nommé Gayot, chirurgien, qu'on dit entendu; il est à gages. Il y a un logis de dames à gauche en entrant; il est as-

---

1. Les armoiries des Legoux de la Berchère sont d'argent à la tête de more de sable tortillée d'argent, accompagnée de 3 molettes de gueules.

sées propre; il y a un portier à l'entrée de l'abbaye. Il y a
quatre beaux escaliers, de l'église au dortoir; du cloitre au
cloitre, aux hôtes, aux infirmeries.

Il y a en dehors de l'abbaye, près et vis-à-vis la porte d'entrée, une chapelle qui est la paroisse du village sous l'invoca-
tion de saint Blaise. Il y a deux cent communians. Dom
Lambert y fait toutes les fonctions de curé, même de baptizer.
Elle est propre, bien rangée; chaire à prescher; il y a quatre
cloches; la sacristie est des plus propres et des mieux
fournies.

La communauté est composée de neuf prestres, et de neufs
jeunes étudians en théologie, dont quelqu'uns soutinrent assez
bien des thèses en notre présence. On prétend que cette maison
a un tiltre signé de la main de saint Bernard.

Néantmoins on fut surpris quand j'en parlay. Le prieur me
promit de chercher, et de nous donner avis de l'issuë de sa
recherche.

Abbaye de Cheminon[1]

Dom Frizon, religieux d'Ourscamp, prieur de Cheminon,
nous étant venu trouver à Trois Fontaines, nous conduisit le
lundy matin, sixième du mois de juillet. Sur la porte d'entrée
au vestibule, on lit: *Ego sum ostium. Per me si quis introierit,
salvabitur.* Dans le vestibule, sur la porte de la salle des hôtes :
*Ingredere, benedicte Domini; cur foris stas? Præparavi
domum, etc., Genes.* 24-31. Les cloitres sont propres ; celui de
la collation est boisé. Pour perspective de l'allée du cloitre
qui donne au couchant, est sous une arcade un *Ecce homo*, en
grande pierre, et en perspective du cloitre de la collation, près
de l'église, Jésus-Christ portant sa croix, figure de pierre.
Beau et grand réfectoir; chaire de lecteur. Le chapitre bien
boisé a deux pilliers, trois fenestres à l'orient. Les religieux y
vont chaque jour lire le martyrologe. Sur le côté droit, en entrant, près de la fenestre, est un tableau qui représente, comme
nous en avons un à Clairvaux dans la chambre du Thrésor de
nos reliques, dom Denys Largentier, quarante quatrième abbé
de Clairvaux, mort en odeur de sainteté. Il est écrit sur le
tableau : † *R. P. Dionisius Largentier*, 44 *abbas Claræ vallis*

1. L'abbaye de Cheminon fut fondée en 1103. — Cheminon fait partie
du département de la Marne, arrondissement de Vitry-le-François, canton de
Thiéblemont.

sepultus est in monasterio de Aurea valle ubi obiit 25 8^bris 1624. *Cor autem ejus delatum est in suam Claram vallem, et in claustro illius reconditum.* Il est couché sur une natte de jonc, revêtu de ses habits monastiques, la croix pectorale pendante au col, la mitre en tête, et la crosse près de luy à laquelle pend un voile ou mouchoir.

A la gauche en entrant dans le chapitre, près la fenestre, est un semblable tableau, vis-à-vis du précédent, qui représente un moine mort couché sur une natte, revêtu de la coulle, les manches croisées ; est écrit dessus : *Venerabilis Pater domnus Johannes Picart, prior Cheminionis.* r^do *Dionisio Largentier, Clarevallis abbati perfamiliaris, obiit* 13o *julii anno* 1649, *ætatis suæ* 77, *profess. monasticæ* 66.

Dans le cloitre, près de la porte de l'église, du côté de la collation sous les armes de la maison, sur une pierre, est gravé : *Anno ab incarnatione Domini* M. C. III, *in ordine canonicorum regularium S. Augustini, domus de Cheminon initium sumpsit. Anno vero* M. C. 37, *concedente et laudante Innocentio* II°, *summo pontifice, ad ordinem cisterciensem translata est. Tandem senescente circa annum* M. D. C. 21, *zelo et pietate domni Joannis Picart, prioris meritissimi, renovata est. Cumque aprilis* 27, *anni* 1628, *dictæ domus templum igne de cœlo lapso conflagrasset, eodem priore agente, post quinquennium et ruinâ pulchrius in hanc formam surrexit. Hugo comes Campaniæ fundator.* 1664.

On monte du cloitre à l'église douze marches ; beau sanctuaire qui a cinq places en menuserie pour le célébrant et ministres, au devant desquelles est une balustrade. Il y a un beau rond point. Le chœur est propre, bien verny. Siéges des religieux au nombre de quinze de chaque côté, non comptés les quatre du dossier.

Au pied de l'autel de la sainte Vierge qui est dans la petite nef derrière la place de dom prieur, est enterré notre vénérable et très-sage maitre Boulenger, cy-devant prieur de Cheminon, qui y a fait tant de bien par ses exemples, ses exhortations, ses travaux, ses veilles, ses visites dans la filiation, sous une tombe sur laquelle j'ay lû : † *D. O. M. Hic jacet venerabilis domnus Augustinus Hieronimus Boulenger, sacræ facultatis Parisiensis doctor, beatæ Mariæ de Boheriis expresse professus, qui de Calladiâ triennis, hujus vero domus* 32 *annis prior extitit. Ædificia multa a fundamentis extruxit, multisque ornamentis ditavit. Disciplinæ regularis amator inter mœrentes fratres*

diem clausit extremum anno incarnationis Domini 1742, 5 *kal.*
sept., ætatis suæ anno 73, *conversionis autem* 49. *Anima ejus*
requiescat in pace. Amen.

Au dessous du grillage est une autre tombe sur laquelle :
Hic jacet, etc., est du côté de la porte d'entrée de l'église :
Hic jacet venerabilis ac religiosus vir domnus Joannes Picart,
hujus monasterii Cheminionis prior, qui collapsam in eo regu-
larem disciplinam primævo vigori restituit, susceptum onus per
40ª *ferme annos strenue gessit; idemque quatuor ante obitum*
annis, magnâ cum humilitate deponens, reliquos vitæ dies, sicut
antea in singulari victus rigore, eximiisque pietatis operibus
diducens, anno suscepti habitus 66°, *exactæ vero ætatis* 77, *inter*
filiorum mœrentium manus, diem clausit extremum anno incar-
nationis dominicæ 1649°, *mensis julii die* 13ª. *Anima ejus*
requiescat in pace. Amen.

Au haut de l'escalier de l'église au dortoir, est une porte de
fer sur la gauche, puis un petit vestibule. Autre porte par laquelle on entre dans la bibliotèque qui est sur la sacristie
voutée. C'est une belle et longue sale, bien parquetée, boisée;
armoires garnies d'un petit grillage, et d'un platfond peint. Ce
sont les quatre docteurs qui y sont représentés, saint Bernard
en est l'un; fournie de bons livres, en nombre, et manuscrits[1].

Dans la bibliotèque est une belle sacristie, bien boisée et
parquetée; a des jours à l'orient et au midy; entretenue bien
proprement par dom Cabaille, profés d'Ourscamp.

Il y a de beaux ornemens, et reliquairs; il y a une relique
de saint André, apostre, avec inscription grecque; ce sont plusieurs parcelles jointes ensemble comme une paste, pour en
faire un tout qui ait de la consistance, et en conserver chaque
parcelle, il y a : *de ossibus Zacharie prophete*, sur un parchemin, qui répond à un os assez long enfermé dans un taffetas.
Dom sacristain m'en a donné quelque peu. Il y a une partie de
la machoire de saint Jean-Baptiste, en une espèce de gondole
d'argent doré, ouverte par le côté concave qui fait voir quelques cavités de dents, longue d'environ quatre poulces. La
face convexe est couverte d'une feuille d'argent, sur laquelle
on lit : † *S. Johannis Baptiste.* Dans un reliquaire d'argent

---

1. Les mss. de l'abbaye de Cheminon sont passés dans la bibliothèque
communale de Vitry-le-François. dont M. Hérelle vient de publier le catalogue. — Voyez *Notice sur les manuscrits de la bibliothèque de Vitry-le-*
François, par M. G. Hérelle.

sur lequel deux anges portent la dite relique; on y lit : *Hæc est maxilla inferior divi Joanis Baptiste*.

Au dessus de cet écrit est la figure de saint Jean-Baptiste portant sur sa gauche un agneau, et le montrant avec l'index de la droite. Sur le pied oval du reliquaire est écrit : *f. Jeh. Pietrement souspri. de Cheminon a fait enchasser ce reliquaire en l'an* M. V. C. IIII. XXV. *Anima ejus requiescat in pace*.

Il y a deux anciennes crosses, et une belle mitre de feu monseigneur le cardinal de Noailles [1], archevêque de Paris, que notre feu maître Hiérosme Boulenger, prieur de Cheminon, achepta pour la somme de cent cinquante livres. Le portail de l'église de Cheminon est de la hauteur du pignon; orné des statues en pierre de la sainte Vierge, de saint Pierre et de saint Paul, de saint Benoist et de saint Bernard. La porte est neufve, entre deux jolies petites tours.

Derrière les formes des religieux au septentrion et au midy on a pratiqué dans les murailles des enfonçures et arcades, des priez-Dieu et des bancs.

On m'a fait remarquer dans presque toutes les chapelles, un chandelier de bois, tournant entre deux pitons de fer, fichés dans le pillier près de l'autel, et l'on m'a dit qu'autrefois, selon la pratique de l'ordre, il y avoit sur le chandelier un cierge. que le serviteur de la messe allumoit pour l'élévation de la sainte hostie et restoit allumé jusqu'après la sainte communion. Auprès de la sacristie, deux essuye mains, *ante missam*, *post missam*.

Le dortoir est beau; les chambres sont sur le jardin, au levant; elles sont raisonnablement grandes. J'ay vû celle de dom Cabaille, sacristain, qui y conserve un portrait de saint Bernard, dans un cadre, de la grandeur de celui que nous avons dans Clairvaux, dans la chambre du Thrésor de nos reliques. Il lui est assez ressemblant.

Dans la seconde salle des hôtes, il y a encore un saint Bernard en cadre doré, du volume in-4°, joignant les mains devant un crucifix, qui m'a paru assez bon.

Le logis des hôtes n'est pas propre, et les rideaux des licts, des fenestres, les tapis, les siéges, tapisseries, tout cela est rongé, aussy bien que les couvertures de laine et courte pointes. Le jardin est grand, long, des allées couvertes, des canaux à poissons, grands et larges.

1. Louis-Antoine, cardinal de Noailles, 13 septembre 1695 — 4 mai 1729.

Deux vastes cours. Dans la première et à l'entrée est le logis de monsieur de Poictiers, chanoine de Liége, abbé commendataire. Cheminon a depuis longtemps des abbés de cette même famille. Le logis abbatial est peu de chose. L'autre cour a deux vastes granges, qui ont une belle charpente, dont toutes les pièces sont sciées, comme si le rabot y avoit passé.

Le bois qui joint presque l'abbaye a quatre belles tranches ou allées, qui ne sont pas longues.

Cette communauté a une paroisse desservie par dom sous prieur. On n'y baptise pas; il y a trente ménages.

Elle est composée de dom Frizon, profès d'Ourscamp, prieur; dom Jean Perrin, de Nogent-sur-Aube, ancien et président; dom Antoine Perrochet, de Chaalons, dépensier; dom Gérard, de Roye en Picardie, profès d'Ourscamp, cy devant lecteur de théologie à Morimond, depuis, prieur de Chatillon; dom Thomas Cabaille, de Roye, neveu du dit dom Gérard, profès d'Ourscamp et sacristain; dom Jacques Delaisne, du Cateau Cambresis, sous prieur, curé et procureur; il est frère de dom prieur de Hautefontaine. qu'on nous a dit être moribond; dom Drouet, de Sainte-Ménehould, profès de la Challade, sous procureur; dom Jean Rouillé, d'Avesnes, profès de Boheries, lecteur en théologie. Il fit soutenir thèses à ses écholiers, qui firent fort bien; frère Louis Desmaux, du Rhetelois, profès de la Challade, en fit l'ouverture par une harangue à monsieur l'abbé de Marcilly, bien composée en latin. prononcée avec un air de maître et de suffisance, avec politesse et modestie, aussy bien que dans ses argumens, fort bons, nets et pressans; frère Théodore Franc, de Luxembourg, profès de Chatillon. sous diacre; frère François Delaforge, de Bar-le-Duc, profès de Hautefontaine, qu'on dit bon philosophe et théologien; frère Jean-Baptiste Labelout, du Cateau Cambresis, profès de Hautefontaine, étudie et fait bien; frère Jean Langlois, de Chauly en Picardie, sur la Somme. près de Saint-Quentin, profès de Bonnefontaine; frère Matthieu Bouthillier, de Mayenne, profès de Champagne, ancien théologien, âgé de 30 ans, tous de bonnes mœurs.

On a dans Cheminon deux bons portraits de feu dom Hiérosme Augustin Boulenger, dernier prieur, dans la chambre du prieur, et dans la bibliotèque, bien ressemblans. Il a laissé dans sa chambre et cabinet beaucoup de ses écrits et imprimés concernans l'ordre, qui ne regardent pas cette abbaye. et que monsieur de Clairvaux et sa communauté pourroient répéter, comme ayans été composés à la demande de nos abbés, qui

ont fournis des mémoires soit imprimés, soit manuscrits, lesquels sont restés à Cheminon et même que le prieur moderne
fait difficulté de reconnoître sur ce pied, et de nous remettre,
comme il n'a pas voulu me remettre, entre autres, un manuscrit de notre grande bibliotèque de Clairvaux, des chapitres
généraux des années 1321 et 1334. La Clémentine est à la tête
de ce manuscrit. Le dit prieur, pour s'éviter la peine de chercher, à quoy je m'offrois étant sur les lieux, je luy ay dit que
le prest de ce manuscrit est énoncé dans le catalogue des livres
de la bibliotèque de monsieur notre abbé comme déposé le 29
août 1732, entre les mains de dom prieur de Hautefontaine,
qui se chargea de l'ordre de feu monsieur Gassot, abbé de
Clairvaux, de le remettre de sa part à notre dit maître dom
Boulenger, prieur de Cheminon. Comme l'abbaye de Clairvaux
possède dans le thrésor de ses reliques l'*occiput beatæ Annæ
matris beatæ Mariæ virginis, matris Domini Jesu Christi*,
que la tradition de notre maison nous apprend, luy avoir été
accordée par celle d'Ourscamp, je demanday au susdit dom
Gérard qui en est profès comment les reliques de sainte Anne
étoient venües à leur maison, ce qu'il m'a expliqué par un écrit
de sa main, dont voicy la copie :

« La tradition d'Ourscamp pour ce qui regarde la relique de
sainte Anne, est selon que j'ay vû dans un petit livret qu'on
distribuoit aux pélerins, et dont j'en ay moy même distribué
plusieurs exemplaires en qualité de sous sacriste, que le seigneur chastelain de Roye se trouvant avec le Roy de France
dans une expédition militaire en Provence arriva à la ville
d'Apt, qui fut prise par l'armée du Roy, et que dans une procession qui se fit, un jeune homme muet recouvra la parole
vis à vis un endroit qu'il déclara en commençant à parler, après
plusieurs signes précédemment d'ouvrir cet endroit, que c'étoit
le tombeau de sainte Anne et que le seigneur de Roye qui
s'étoit porté vaillamment à l'attaque de cette ville, demanda
au Roy pour récompense le chef de sainte Anne, qui lui fût
accordé ; et l'ayant fait transporter en son chateau du Pleissier
de Roye, il ordonna en mourant à ses héritiers par son testament de remettre cette relique aux religieux d'Ourscamp, pour
être placée dans une chapelle par luy fondée en cette abbaye
en l'honneur de sainte Anne, dans laquelle on voit encore les
armoires où étoient anciennement toutes les reliques des saints
qui sont en cette maison.

Les héritiers de ce seigneur ne satisfirent pas au testament de leurs pères, et se contentèrent tous d'ordonner à la mort à leurs successeurs de délivrer la relique aux religieux, jusqu'à ce que les religieux ennuyés de cette inexécution de plusieurs testamens successifs, intentèrent procès au parlement de Paris, qui ordonna par arrèt provisoire que la relique seroit déposée dans la chapelle du chateau de Carlepont, apartenant au seigneur évèque de Noyon jusqu'à la fin de procès ; d'où, en vertu d'arrèt définitif, après descente faite de deux conseillers commissaires du parlement elle fùt transportée à Ourscamp par l'evèque de Noyon accompagné des abbés de saint Eloy de Noyon, de l'ordre de saint Benoist, et de saint Barthélemy, de celui des chanoines réguliers, et j'ai toujours ouy aux anciens d'Ourscamp qu'elle avoit été remise à l'abbé d'Ourscamp, accompagné de sa communauté, dans un endroit du bois, qui conduit d'Ourscamp à Carlepont, où il y a une croix de bois, dressée sur une pierre, laquelle croix s'appelle la croix Prot. »

Ainsi signé : fr. GÉRARD.

Dom Gérard, après la signature, ajoute : « Il doit se trouver beaucoup de procédures concernantes ce procès dans le chartrier d'Ourscamp. »

Pour constater le transport des reliques de sainte Anne, de Palestine en Provence, on pourroit cousulter l'histoire ecclésiastique du Père Alexandre, (dominicain de nos jours) dans sa dissertation sur la Magdelaine, dans le second tome de l'édition in-folio.

Abbaye de Boullancour [1]

Le mardy, septième juillet, nous partimes du matin avec dom prieur de Cheminon qui voulut bien nous accompagner. Nous avions dessein de passer à Hautefontaine [2], mais nous n'y pensames plus, sur l'assurance que l'on nous donna que dom prieur de Hautefontaine étoit toujours fort mal. Nous primes la route du bourg d'Eclaron [3], où nous disnames légèrement. Dom

---

1. L'abbaye de Boulancour, au diocèse de Troyes et de l'ordre de Cîteaux, fut fondée en 1149. — Boulancour fait aujourd'hui partie du département de la Haute-Marne, arrondissement de Vassy, canton de Montier-en-Der, commune de Longeville.

2. L'abbaye de Hautefontaine, de l'ordre de Cîteaux, diocèse de Châlons-sur-Marne, fut fondée en 1136 — Hautefontaine fait actuellement partie du département de la Marne, arrondissement de Vitry-le-François, canton de Saint-Remy-en-Bouzemont, commune d'Ambrières.

3. Eclaron, département de la Haute-Marne, arrondissement de Vassy, canton de Saint-Dizier.

prieur de Cheminon me dit que monsieur Martine de Fontaines, baillif de Noyon en Picardie, assure avoir vû une lettre de saint Bernard aux chanoines de cette cathédrale, par laquelle il les exhorte de faire donner par les ecclésiastiques qui demanderoient à entrer dans leur corps, un marc d'or aux chevaliers de Malthe, pour les croisades ; et que ce saint y marque que n'ayant pas à portée son sceau, il signe de sa main.

Je remarquay dans l'église paroissiale d'Eclaron que la place de M. le curé dans le chœur est scituée comme celle de nos abbés dans le chœur de vêpres, faisant face à l'autel celle de M. son vicaire de l'autre côté, comme le siége de nos prieurs à vêpres. Mais celle-cy est toute simple et en tout semblable aux autres, au lieu que le siége de M. le curé est distingué, et a un daix en menuserie fort propre au dessus de sa tête, comme l'on voit dans tous nos et les anciens chœurs, et notamment dans le nostre de Clairvaux, avant celui qui vient d'être fait, où, pour cet égard, on s'est imaginé que la symmétrie et le coup d'œil devoit l'emporter sur le droit, sur l'antiquité et l'usage de toutes les églises un peu réglées.

Nous passames dans Montiers en Dher[1], près de la maison des PP. bénédictins de la congrégation de saint Vannes. sans nous y arrêter, et arrivames sur les six heures du soir à l'abbaye de Boullancour. On monte de la cour au cloitre un long escalier de pierre à balustrade de fer, qui conduit d'abord à une grande salle tapissée de point de Hongrie. Il y a un billard et un métier de tapisserie, auquel le prieur et un autre religieux s'occupent quelquefois. Les cloitres sont bons, voutés, blanchis, riants ; il y a plusieurs tombes, comme dans l'église, dont on trouve les inscriptions dans le Voyage littéraire des doms Martenne et Durand, bénédictins de la congrégation de S. Maur, à Paris, 1717[2].

Le chapitre est vouté singulièrement ; il y a six pilliers, dont les deux premiers sont quarrés, les quatre autres sont ronds, mal en ordre. Je l'ay vu il y a vingt ans, propre et boisé, des bancs au tour. Il servoit quelque fois aux actes de régularité à l'issuë des primes. Dans l'allée de la collation on y voit des pierres rondes pour l'eau du *mandatum* le jeudy saint et same-

1. Montier-en-Der, abbaye bénédictine, fondée dans le diocèse de Châlons sur-Marne, avant l'an 685 par saint Berchaire, fils d'un duc d'Aquitaine. — Montier-en-Der fait partie du département de la Haute-Marne, arrondissement de Vassy, chef-lieu de canton.

2. T. I, 1, p. 98.

dyɛ. Le réfectoir est boisé. J'y ay vû manger certains jours en portions, et chacun dans son rang. Présentement c'est une salle où on a pratiqué une cheminée; la cuisine auprès qui n'est point voutée. Il y a un puits; faut monter du cloitre à l'église plusieurs marches, près desquelles, dans le cloitre, est une arcade dans la muraille, qui semble être un tombeau.

Le grand autel a sa table longue de dix pieds. On voit auprès le tombeau de la bienheureuse Asceline sur lequel même on dit quelque fois la sainte messe; on croit qu'elle étoit niepɔe de saint Bernard. On prétend que le bienheureux Gozevin, religieux de Clairvaux, qui a fait la vie de la sainte, est enterré dans le même tombeau. Près de la place du prieur pour la messe, on voit un beau grand tableau, qui représente le voyage en Emmaüs, et la fraction du pain. Il y a six siéges de chaque côté du chœur, non compris les quatre du dossier et le bas chœur. Il y a de fort bonnes cloches; dans la sacristie on voit d'abord deux hallebardes dans un coin. On dit que deux hommes les portent à la procession ès fêtes de la Pentecote, à la chapelle qui est dans le petit bois voisin. On y célèbre la sainte messe; on y presche. et que la dévotion du peuple le porte à faire de bonnes offrandes, dont le religieux curé dit qu'en un an il retire une fois vingt francs; une autre fois dix écus, soit en argent, soit eu cierges.

Il y a une belle, ancienne et grande croix, fort belle, une belle chasuble de drap d'or, qui vient de feu dom Rolin, prieur, qui a beaucoup travaillé et utilement dans Boullancour. On y voit un bon, ancien antiphonaire gothique; une grande pièce de la cuculle de saint Bernard, qui est dans un buste de bois, et s'y gâte. Je priay de m'en donner. Le prieur en voulut bien couper gros comme un écu de six francs, dont il me fit présent, en présence de M. l'abbé de Marcilly, de dom prieur de Cheminon et de ses religieux, sçavoir dom Darbamont, sacristain et curé; dom Georgeon; dom Cousin, souprieur, procureur et dépensier, et de frère Chardon, jeune profés. Cette pièce est de couleur brune. Le buste dont je viens de parler, et qui est vermoulu, et corrompt ce qu'il renferme contient un chef sous un écrit que j'ai enfin déchifré avec le dit dom Darbamont. Il porte : *Caput sanctæ Ursulæ virginis et martyris, et aliorum sanctorum reliquiæ, cum frusto ex cucullâ sancti Bernardi, abbatis Clarevallis.*

Autre buste, qui est en aussy mauvais état, renferme aussy

un chef sous cet écrit : *Caput sanctæ Jothæ virginis et marty-ris. Hæc fuit una ex principalibus undecim M. V.*

Les religieux de Boullancour ont dans leur salle à manger les œuvres de saint Bernard, imprimés à Anvers 1620, *ex Bibliothecâ p. Carthusiensium et Fordiensium.*

A la première feuille on voit une estampe de saint Bernard chargé des instrumens de la croix disposés comme on en voit peu, un livre et un chapelet au bas. Son visage est fort gras, comme je n'en ay pas encore vû. Ils ont le livre du premier esprit de l'ordre, un ancien missel de 1606, sous le mandement de dom Edme de la Croix. J'y ay vu aussy un manuscrit d'œuvres de St Hierosme, un martyrologue manuscrit, en parchemin.

Leur dortoir est logeable; le prieur s'y fait faire un apartement commode, beau en boisure, cheminée, cabinet, lieu nécessaire, les portes vitrées. Ils ont une vigne dans leur enclos, qui n'est pas fermé de murailles, le pays ne donnant point de pierres.

Le jardin est beau, grand, des petites loges, de grands canaux, et la rivière.

Le logis abbatial est éloigné. Leur revenu en argent et graius, bois appréties, va à la somme de 4226 livres.

Ils ont une paroisse, conférent même le saint baptême depuis quelques années en vertu d'un arrêt du grand Conseil.

Abbaye de la Rivour [1]

Le jeudy, neufvième juillet, nous partimes accompagnés de notre confrère dom Georgeon pour l'abbaye de la Rivour. Nous disnasmes à Piné-Luxembourg [2], du fromage et des œufs frais, arrivames à l'abbaye de la Rivour sur les cinq heures du soir. La porte d'entrée est d'un gout antique, fort belle, ornée de statués de pierre, la sainte Vierge tenant son enfant Jésus, St Benoist, sainte Scolastique, saint Bernard, Ste Humbeline, les armes de France sous la sainte Vierge, de Champagne sous saint Bernard, un lyon couronné sous saint Benoist, des fleurs

1. La Rivour, abbaye cistercienne, fille de Clairvaux, au diocèse de Troyes, fondée en 1140, par Hatton, évêque de Troyes. — La Rivour fait actuellement partie du département de l'Aube, arrondissement de Troyes, canton de Lusigny.

2. Piney-Luxembourg, département de l'Aube, arrondissement de Troyes, chef-lieu de canton.

de lys de coté et d'autre en nombre, avec les armoiries de la maison, une croix au milieu, dans le bas.

Cette porte d'entrée est un batiment logeable, vouté, près duquel est une chapelle voutée, pour la desserte de la paroisse qui a une porte sous l'entrée, et une autre porte au dehors. Le patron est saint Blaise, on y voit deux tables qui dans de différens petits cabinets renferment des reliques avec les inscriptions.

On fait rarement les devoirs de paroisse dans cette chapelle, parce que, dit'on, cela seroit incommode à cause de l'éloignement.

Quelquefois on y fait la prière le soir. La cour est assées grande, on y voit des écuries, des granges, des remises voutées. La porte d'entrée au vestibule, qui est vouté sous les greniers, est fermée par un grillage de fer de toute la hauteur et largeur de l'ouverture en arcade. Les cloitres sont assez longs et larges, ils ne sont ni voutés ni lambrissés; les thuiles en font l'ornement comme la nécessité, les caves voutées paraissent belles. Il y a un puits dans le preyhaut, pour la cuisine.

Le chapitre est grand, plusieurs tombes, pavé à la mosaïque de pièces raportées en compartiment. Il est partagé en trois, par des murs. Dans celle qui est à droite, on y a pratiqué le four au voisinage de la cuisine, qui est grande, haute et non voutée sous le dortoir.

On auroit dû au moins réserver le milieu du chapitre pour y faire les exercices réguliers, sinon tous les jours, du moins quelquefois l'année; mais on veut ôter jusqu'aux vestiges de régularité, et n'avoir pas devant ses yeux, de quoi se rappeler ses devoirs, ou du moins, l'esprit de nos saints Pères qui s'y portoient avec tant d'amour et de fidélité. Plût à Dieu que nous eussions quelque respect pour cette vénérable antiquité, bientôt nous en donnerions des preuves par l'imitation.

L'église est belle, bien décorée par un beau sanctuaire, autel nouveau, boisure, beau pavé, au milieu duquel est une tombe d'un évêque de Troyes. Le sanctuaire est seulement lambrissé, quoyque le reste de l'église soit vouté. La lampe du saint sacrement claire assiduèment, la croix et les six chandeliers de cuivre sont fort beaux. Le retable est très beau, incrusté dans la muraille du pignon, représentant en sculpture l'Assomption de la sainte Vierge, au dessus duquel ouvrage est un beau et grand cadre doré, dans lequel est un tableau de la même Assomption sur toile ; au dessous, la dormition de la sainte Vierge, plusieurs mystères de notre Seigneur des mieux faits en sculpture. Au dessus de ces ornemens sont quatre grandes et belles chasses de saintes reliques [1].

Les figures et statuës en pierre, de la sainte Vierge et de saint Bernard, sont aux angles du pignon du coté de l'évangile et de l'épitre.

Les armoiries qui sont au haut du sanctuaire au lambris, et aux deux vitraux de l'orient, sont d'un archevêque d'Aix [2], abbé de la Rivour, il y a environ 50 ans. On les voit aussy en dehors aux pilliers du dit sanctuaire. Pour le célébrant et les ministres, il y a un siége assez long, au gout moderne qu'on appelle canapé ou sopha, garny de tapisserie mocquette, avec une toile brune pour couverture.

Le chœur est neuf et beau, pavé comme le sanctuaire et le dessous des cloches, qui sont au nombre de trois, non comprises celles du dortoir et de l'horloge. Il y a quinze siéges de chaque coté, non compris les trois du dossier. Le bas chœur sont des bancs.

Au pied de l'autel, derrière la place du prieur à vespres est une petite pierre d'un pied en quarré qui marque la mort et la déposition en cet endroit de dom Pierre Absolut, dernier prieur. L'entrée du chœur de vèpres se ferme par deux rideaux neufs, de tapisserie fort jolie et modeste, nommée la Porte, du nom de son ouvrier. Dans la croisée du septentrion, est une grande tombe d'un abbé.

La séparation pour la nef est un beau grillage de fer doré.

Toutes les chapelles et autels sont propres, nets et nouvellement décorés. Dom Fournival, prieur, a à cœur la propreté. On la remarque par toute la maison. Je l'ay vû ramasser un fetus dans le sanctuaire, et ôter avec son mouchoir une toile d'araignée et un peu de poussière.

La chapelle des Apostres, qui est entre le sanctuaire et la chapelle qui sert de sacristie, a au dehors un ornement en pierres et statues qui monte presque jusqu'à la voute de l'église, la balustrade jusqu'au haut de l'arcade de la chapélle. Au dessus de la porte est une petite tablette qui porte un parchemin sur lequel est en grosses lettres gothiques : ANNO M. C.

1. Cf. *Voyage littéraire de deux religieux bénédictins*, t. I, 1, p. 94-95.
2. Jean-Baptiste Adhémar de Monteil de Grignan, archevêque d'Arles.

XXX. IX. *sub patre Bernardo cœpit abbatia de Ripatorio quarto idus aprilis.*

Le retable de la chapelle est une Cène en figures, qui paroit être de la même main que le beau retable du grand autel ; au tour quatre petits tableaux émaillés, signifiants la vie, la passion, le crucifiement de Jésus-Christ. Dans les côtés de la chapelle est une boisure d'environ douze pieds de hauteur. A droite, c'est l'histoire de la vie de St Pierre, peinture et écriture en 16 tableaux ; autant de l'autre côté, pour l'histoire de la vie de saint Paul ; dans l'intérieur de cette chapelle, on voit incrusté dans le pillier à droite cet écrit sur parchemin sous un verre : *Anno ab incarnatione Domini millesimo quingentesimo quadragesimo secundo. 3 kal. septembris, dedicatum fuit hoc altare a domno Edmundo, abbate Clarevallensi, in honorem sanctorum Petri et Pauli, nec non cæterorum apostolorum, autore et benefactore hujus sacelli domno Petro Musnier, in hoc loco sepulto, hujus monasterii religioso ac sancte Theodosie priore.*

On croit que le prieuré de Sainte-Théodosie est membre et dépendance de l'abbaye de Moutiers Ramé. On voit sa tombe au pied de l'autel.

Le dit prieur dom Fournival, cy devant cellerier de la Rivour, assure que dans cette dernière qualité faisant lever, il y a six à sept ans, la dite tombe, pendant l'absence de dom Claveurier, prieur, pour suite de travaux en réparations qui se faisoient à l'église, on trouva une fosse quarrée, revêtue de briques, profonde d'un pied et demy, les gros os d'un corps, en entier, le reste en poussière, mais un chaperon noir, de moire saine, belle et luisante, le derrière venant comme au milieu du dos en pointe. Il fit remettre le tout dans cette fosse qu'il fit couvrir de la dite tombe.

La chapelle voisine sert de sacristie qui tire ses jours de l'orient et du midy. Elle est simple, mais assez propre et fournie de ce qui est nécessaire. Au devant on a pratiqué dans l'épaisseur de l'escalier du dortoir, comme une niche surmontée d'une coquille, dans laquelle on a placé une grande fontaine de cuivre. Les burettes sont auprès. Dans une armoire derrière le chœur de l'abbé, il y a plusieurs reliquairs, entre autres : bras de sainte Marguerite et un dragon dessous ; chasse de beau cuivre à deux battans dans laquelle un beau filigramme, au milieu duquel est debout un os d'un bras de St Pantaléon, sur émail dans la chasse, *os sancti Pantaleonis;* derrière la chasse dans le milieu en bas, os du bras de St Pantaléon en lettres gothiques, partie du crâne de sainte Agnès dans une feuille d'argent découverte d'un côté. On lit : *occiput B. Agnetis.* 1686.

Il y a quatre grandes tables qui se ferment, à cabinets dans lesquels on voit des reliques avec inscriptions ; deux tables dans une chapelle de l'église, deux autres petites dans l'armoire ; un bras couvert d'une feuille d'argent avec ornemens. A l'un des doigts, il y a une petite chasse, dont l'écrit gothique qui est autour du poignet paroit être l'explication : *Hic Petri Deus est, quem dextra Pauli tenens est.* En bas est écrit autour : † *In hoc brachio continetur de duodecim apostolis et plurimis aliis.*

Dans le chœur à la place de dom prieur à vêpres, on voit un antiphonaire gothique en bon ordre, bien relié. On y a joint un supplément, ce qui est fort commode. L'orloge sonne gros pour les heures, aussy les quarts, demie et trois quarts. Du cloitre à l'église on monte trois marches.

Les religieux assistent en coulles blanches à la messe, et en chaperon et scapulaire noirs à vêpres. Ils prennent la peine de se lever à six heures pour entrer à l'église, réciter l'office de nuit, et cela en toute saison.

Le portail de l'église est entier, sans chapelle, vouté, l'ancienne porte à deux battans, ferrés à l'antique.

L'église dans toute son étendue et largeur est propre. On n'y voit rien d'indécent, et qui n'y ait rapport.

Le dortoir est beau, propre, bien éclairé, le prieur logé commodément et proprement, le procureur aussy. Il y a trois cheminées ; il y a dix portes, dont celle qui conduit à l'église, conduit aussy à la chambre au dessus de l'ancienne sacristie ; on y fait loger, coucher le jardinier.

Il y a une petite bibliotèque [1] dans le cabinet du prieur. Du dortoir on descend cinq à six marches, pour trouver le grand escalier au cloitre qui est de bois, à rampe de bois. De la dernière des dites six marches, on va de plein pied au corridor et chambres des hôtes, lesquelles sont fort propres, ont leur jour au midy. Au bout les greniers et un petit escalier ; dans le dessous est une grand chambre à alcove, une belle salle, une autre où il y a un billard, le vestibule du grand escalier, et la belle salle à manger.

1. La bibliothèque de Troyes contiendrait, paraît-il, des mss. venant de la Rivour. (Voy. le t. II du *Catalogue général des départements*, p. V.)

Tout ce logis fait une face fort belle sur la campagne qui est vaste, et impraticable en hyver. Le jardin est aussy en face de ce logis ; il est beau, grand, plusieurs canaux et la rivière. On y descend de la belle et longue, large terrasse, par un escalier double à droite et à gauche, dont la voute du dessous sert de caveau au jardinier.

Cette communauté est composée du dit dom Fournival, prieur ; de dom Deslandes, ancien ; D. Dannery, sous prieur ; dom Baudenet ; dom Huet, procureur ; dom Laquet, dépensier.

Ils ont à leur porte une belle et grande thuillerie, qu'ils ont bâtie, il y a une vingtaine d'années. Depuis environ six mois, ils ont repris leur ancienne thuilerie par l'expiration du bail amphitéotique. Elle est à un petit quart de lieuë de l'abbaye.

Nous avons demandé à dom prieur de la Rivour à voir le tombeau du bienheureux Gillebert, relıgieux de Clairvaux sous saint Bernard, abbé de Suwinthede, au diocèse de Lincolne, en Angleterre, comme le raporte le journal des saints de l'ordre, dans son ménologe au vingt cinquième de may. Ses supérieurs le considéroient comme rempli de l'esprit de saint Bernard, en sorte qu'ils lui ordonnèrent d'expliquer le Cantique des Cantiques, comme cet illustre et saint abbé fit autrefois ; l'explication qu'en a donné le B. Gillebert contient quarante huit sermons.

Le dit dom prieur nous étonna étrangement en nous répondant qu'il n'en avoit aucune connaissance, que leur cartulaire n'en disoit rien, et qu'il n'en voyoit aucun signe. Cependant c'est la commune opinion que le bienheureux Gillebert étant occupé dans la Rivour aux saints exercices sur le Cantique des Cantiques, il rendit l'ame entre les mains de celui qui l'avoit créé l'an 1166, selon l'autheur des annales de Citeaux, ou plus tard selon les lignes suivantes que j'ay extrait du manuscrit de l'ouvrage du dit bienheureux Gillebert, qui est dans notre bibliotèque de Clairvaux sous la cotte E. 12., tout à la fin du volume en écriture gothique ancienne : *Hic reverendus, egregius, devotissimus et doctissimus pater donnus Gillebertus quondam abbas de Hoilanda in Anglia fecit et composuit sermones in hoc volumine contentos super Cantica Canticorum, valde notabiliter et scientifice insequendo modum et stilum beati Bernardi et apud monasterium de Rippatorio obiit anno Domini* M. CLXXII [1].

1. Ce ms. porte actuellement le nᵒ 419 des mss. de la bibliothèque de Troyes.

Extractum e cartulario Rippatorii, folio 8°, n° XXXV.

Testamentum donni Alani, quondam Autissiodorensis epis-
copi. Quod de consilio et voluntate capituli nostri factum et
confirmatum est, ut nullatenus infirmetur, fidei committimus
litterarum ut certum habeant et ratum posteri quod exaratum
est in præsenti. Eapropter ego H. dictus abbas de Rippatorio,
ad præsentium et posterorum notitiam scriptum relinquo quod
dilectus ac venerabilis dominus A., quondam Autissiodorensis
episcopus, ne quid de bonis quæ habere videbatur, remaneret
intestatum, sic suum per manum nostram disposuit testamentum.
In primis de grangia quæ Viadomange dicitur, ordinatum est
et statutum. Puis douze lignes après : *Dedit nobis præterea*
VII. calices et omnes libros suos tam claustrales quam eccle-
siasticos.

Il avoit apparemment donné à Clairvaux, avant cette dispo-
sition les décrets de Gratien que Clairvaux conserve encore
aujourd'huy (1744.) C'est un grand in folio en vélin manuscrit,
entier, sain, bien relié et couvert de bois sous peau et est em-
preint sur la dite couverture, d'un coté et d'un autre *Decreta*
Gratiani sous la cotte R. 3'. On voit au dernier feuillet en grosses belles lettres gothiques : *Ego Alanus, quondam Autisiodo-*
rensis episcopus, hæc Decreta Gratiani dedi monasterio Clare-
vallensi pro remedio anime mee, eo tenore et pacto ut nulla
necessitate a monasterio Clarevallensi transferantur vel expor-
tentur, annuente ejusdem loci abbate et congregatione. Et quia
inviolabiliter debent condicta servari, rogo et obtestor in Do-
mino ut ratum futuris temporibus habeatur et fideliter teneatur.
Amen) quam ecclesiasticos, statuens et precipiendo disponens
ut de libris et calicibus, nullus extra Ripatorium efferatur aut
quomodolibet asportetur. Hoc autem totum factum est hac
ratione et consilio ut si apud Claram vallem in sepulchro pa-
trum suorum fuerit tumulatus, totum quod de libris dictum est,
ratum permanebit et stabile. Sin autem totum cassabitur, nec ra-
tum nec stabile permanebit. Quod verbum licet molestum haberemus
utpote tanti Patris absentiam non amantes, tamen quoniam res
ei erat pro anima et cordi sibi erat ab antiquo, sancto Bernardo
consepeleri, ut simul resurgerent, licet inviti, sepulturam con-
cessimus, ut rogavit, et omnia hec, ut dicta sunt et conscripta,
ne processu temporum deperirent. sub anathematis prohibuimus

---

1. Des *Décrets* de Gratien qui sont dans la bibliothèque de Troyes et
qui viennent de Clairvaux, aucun ne correspond exactement à celui dont
Guyton parle ici.

interminatione, et sic nostri sigilli impressione et sui apposi-
tione annuli jussimus roborari. Verumtamen quoniam nichil
majus debetur homini quam ut dilectionis affectus qui viventi
est exhibitus, mortuo non negetur, presenti scripto adjicientes,
statuimus ut cum ex hoc mundo transierit, sacerdotes V. missas,
clerici II. psalteria et laici ter centum Pater noster exsolvent
et singulis diebus ejusdem anni, quo ab hac vita decesserit,
sacra missarum actio pro eo specialiter exsolvetur. In anniver-
sario autem ejus sic agetur : missa pro eo dicetur in conventu
singulis annis, divinum officium ea die pro eo celebrabunt sa-
cerdotes, clerici 50ᵃ psalmos et laici centum Pater noster exsol-
vent. Actum anno incarnacionis Verbi M. C. IIII. II.

Dans le même cartulaire de la Rivour, j'y ay remarqué et en
ay extrait les trois pièces suivantes :

Ego A., (Alanus) quondam Autissiodorensis qualiscumque
sacerdos, notum facio presentibus et futuris quod Reinaldus,
sacerdos de Brot, donavit in elemosynam fratribus de Ripato-
rio vineas quas apud Teneleres¹ habebat, et quas ibidem adqui-
rere poterit. Compromiserunt autem ei idem fratres singulis
annis, quamdiu viveret, de vino suo ad voluntatem ejus se da-
turos secundum estimationem vini quod remanserit, computatis
tamen prius sumptibus ad earumdem pertinentibus cultum
vinearum. Quod ne depereat aut vicissitudine personarum
transmutetur, sigilli mei impressione sub his testibus roboravi.
Ont signé : *Harduinus, abbas de Ripatorio; Johannes, prior;*
Jocelinus, portarius, et frater Radulphus. (Folio 107, art. seu
n° XXIX.)

Ego W., dictus abbas Clarevallis, dilecto in Christo
Stephano, cognomento Munerio, salutem in Domino. Quia
divina bonitas vobis inspiravit ut de bonis vobis a Deo collatis,
domui de Ripatorio conferretis elemosinam, de qua in eadem
domo ad missas celebrandas cerea luminaria ministrentur, et
etiam ad matutinas et ad vesperas duo luminaria circa magnum
altare diebus solemnibus, quibus sermo habetur in capitulo,
concedimus devotæ petitioni vestræ, quæ nobis per abbatem
ipsius domus proposita est, ut ipsa hæc elemosina vestra nulla
ratione in alios usus aliquando expendatur, et hoc auctoritate
nostra firmiter inhibemus, inhibitionem istam sigillo proprio
confirmantes. (Folio 8°, n° 38.)

Sigillum cellerarii Clarevallis et Petri Guirini, de pace

1. **Thennelières,** département de l'Aube, arrondissement de Troyes, canton de Lusigny.

inter nos et abbatem Arremarensem. Actum anno gracie 1214.·
(Folio 35, art. seu n° 26.)

Le livre des méditations communes, qui se font chaque jour
entre les matines de la sainte Vierge et les matines canoniales
dans Clairvaux, et qui est assez répandu dans les maisons de
la filiation, composées par un père bénédictin de la congrégation de saint Maur, n'est pas le même dans l'abbaye de la
Rivour. Les dernières méditations sont bien comme les premières, d'un père bénédictin de la congrégation de saint Maur,
mais elles sont du R⁴ père Rinssant, qui n'est pas l'autheur
des méditations dont on fait usage dans la communauté de
Clairvaux.

Abbaye de Mores[1]

Le lundy matin, treizième juillet, nous partimes de l'abbaye
de la Rivour accompagnés de dom Housset, sousprieur de
l'abbaye de Mores, qui avoit été envoyé au devant de nous dès
le samedy, et de dom Gabriel Georgeon, religieux de communauté à Boullancour, et arrivames au dit Mores sur les onze
heures. On voit sur la porte d'entrée faite du temps de dom
Foyot, prieur cy devant, les armes de la maison qui sont trois
testes de Maures. On les voit aussy en d'autres endroits, entre
autres sur le haut de quelques pilliers de l'église au septentrion, crosse et mitre au dessus.

La cour, les jardins, les murailles à hauteur d'appuy, les
claires voix, le petit batiment voisin, le pignon du dortoir au
midy sont du temps et par les soins du dit dom Foyot, aussy
bien qu'un fameux pillier du dedans de l'église, et la charpente
et couverture rétablie en entier de la dite église. Les caves
voutées, les greniers dessus qui sont au couchant, les écuries,
la ménagerie, le cabaret sont de l'attention et du temps de dom
Jacques Mol.

Le portail de l'église est l'ancien, bien vouté, de la largeur de
l'église. Il paroit que sous icelui, dans l'épaisseur de la muraille
de l'église sous le dit portail, il y a eû un tombeau, par l'arcade
qui y est. L'église est grande, belle et élevée. Au dessus de la
grande porte d'entrée est une galerie dans l'épaisseur du mur,
qui communique aux deux cotés de l'église. Elle est très mal
propre, occupée dans la nef par de vieux bois en poutres et

---

1. L'abbaye de Mores de l'ordre de Cîteaux, au diocèse de Langres, fut
fondée en 1553.

autres ; des tonneaux neufs, et aussy, au dessus de la barrière de bois, par des tonneaux neufs. Il y a dans la nef trois tombes au pied d'un degré de pierre qui est de la largeur du milieu de l'église. Il paroit qu'elles ne disent par leurs inscriptions rien qui soit considérable. Derrière les placés de M^r l'abbé et de dom prieur il n'y a ni autel, ni chapelle, mais deux vieux tableaus en pièces.

On distingue sur l'un le baptème de nôtre Seigneur par saint Jean, au dessus duquel est écrit sur un cœur rougi :

Omnia vincit amor.
Filius hic pompas dignatur temnere secli,
Diligit hic pater, hic omnia vincit amor.

Le chœur est antique, mal propre, il y a quatorze siéges de chaque côté, non compris les quatre du dossier. On y voit deux bons psaultiers avec le supplément qui est rare depuis une trentaine d'années. La place de l'abbé à vêpres est distinguée de celle du prieur, comme partout ailleurs, même à Clairvaux, avant le renouvellement du chœur depuis environ douze ans, dans lequel la simmétrie et le coup d'œil ont décidé contre le bon usage et la raison. Il y a quatre cloches dans l'église, dessous et au pied du presbytère trois tombes, de front, sur l'une desquelles on lit : *Monseigneur de Chacenay;* une autre, plus bas, tirant au chœur, où les religieux assistent en coulles blanches à la messe, et en scapulairs et chaperons noirs aux autres offices. Ils ne se trouvent pas beaucoup fatigués de se lever à six heures pour aller à l'église réciter matines, même en toute saison. Sur le second degré du presbytère est un aigle en cuivre, sur la bande qui soutient le livre est gravé :

In principio erat verbum et verbum erat apud Deum.

Au bas dans le tour du pied :

Anno Domini 1506, *fr. Joannes Cossart, sacrista.*

Dans le sanctuaire à droite, ouvrage vieux de menuserie qui sont comme à Clairvaux quatre siéges, pour le célébrant, le second qui ordinairement n'est pas occupé par respect pour le célébrant, le siége du diacre et celui du sous diacre. Les accoudoirs, ainsy que les siéges, descendent par degrés; celui du prêtre est le plus élevé ; le second un peu plus bas; le troisième plus bas; le quatrième plus bas. Les quatre siéges sont des coffres, dont la couverture qui se lève et baisse fait le siége.

Vis à vis, tout près la parois, est une tombe sur quatre piliers. Au dessus on a peint sur le mur, Jésus-Christ en croix qui d'une main embrasse saint Bernard qui est aux pieds de la croix.

Le miracle est arrivé dans cette abbaye de Mores. Aussy est il encore représenté sur toile dans un fort grand tableau, qui fait le retable du grand autel et le seul sur lequel on célèbre les messes. La pierre n'en est pas consacrée. Il y a seulement un marbre assez long, mais point assez large, élevé au dessus de la grande pierre, de l'épaisseur de deux poulces, ce qui est incommode et fort dangereux. Aux bases des deux hautes colonnes du dit grand autel, on voit à celle du côté de l'évangile les armes de saint Bernard sculptées, surmontées de la crosse, à l'autre, un écusson sans crosse des armes avec les lettres F. N. D.

Derrière le grand autel est la sacristie fort mal propre et mal assortie. On y voit une belle ancienne croix d'argent, processionnelle et négligée, car elle est comme noire, petit reliquaire d'argent, crasseux. Il y a : *De sancta Vincentia und de XI millium virginum*; un petit buste de plomb, coloré, que l'on dit contenir le chef de sainte Beline; je fus curieux de la voir, et pour cela, le mardy quatorzième juillet mil sept cent quarante quatre, fête de saint Bonaventure, docteur de l'Eglise, environ les deux heures après midy se sont transportés derrière le grand autel de l'abbaye de Mores, qui sert de sacristie, parce que l'ancienne qui est belle et bonne, on en a fait un des beaux fruictiers qui se voye, qui n'a pas d'autre entrée que porte au dedans de l'église; car j'y ay vû tirer et porter des fruits, des bouteilles de vin qu'on y met dans le sable, par l'église, se sont transportés dom Sylvain Thomas, prieur; dom Nicolas Housset, sous prieur et sacristain-curé; dom Madroux, procureur; et dom Grasset, dépensier, tous quatre qui composent la communauté de Mores, aussy le révérend père abbé régulier de Marcilly et dom Gabriel Georgeon avec celui qui écrit cecy, qui est religieux de communauté à Clairvaux. On a décloué en nôtre présence la planche de bois qui ferme le bas et dessus du dit buste; nous y avons trouvé dès l'entrée un sac de toile renfermant différens ossemens de tête, et autres, avec une petite languette de parchemin qui porte bien écrit en gothique : *caput Beline virginis*. Y est survenu à ce moment monsieur Cinget, curé de la paroisse de Loches, à une demie lieuë de Mores; autre languette de parchemin qui porte : *Reliquias de sancta Vincentia et pluribus...*

On n'a pû lire le reste; et au fond du buste plusieurs mor-

ceaux de crâne et ossemens d'autres parties. On a remis le
tout, et recloué la planche au même état. On auroit dû en
faire un verbal signé de tous les présents. On ne nous en
parla pas. Je demanday quinze jours après à dom Housset,
sous prieur de Mores, qui vint à Clairvaux qui me dit qu'on
n'avoit rien fait de plus que ce que j'avois vû. Ce monsieur
Cinget, curé de Loches, dit que l'ancien Pouillé de Langres
dit : « l'abbaye de Mores recommandable par la vision qu'eut
saint Bernard du crucifix qui se détacha de la croix et l'embrassa ; et par le dépôt qu'elle conserve de sainte Beline
vierge et martyre. » Le même curé ajoute que dans une
procession que les religieux de Mores faisoient à l'église de
Landreville, les paroissiens se jettèrent sur le religieux qui
portoit le chef de sainte Beline, le lui enlevèrent et le dépo-
sèrent dans leur église de Landreville, où ils prétendent
qu'est le corps de la sainte, qu'il y eut procès et fut
ordonné aux gens de Landreville de restituer aux religieux
de l'abbaye de Mores le chef de sainte Beline qu'ils avoient
enlevé. Le même curé ajoute encore que Jean Pantene, seigneur de Loches, passionné pour Beline, petite bergère,
l'ayant insultée et sollicitée en campagne gardant ses brebis,
à quoy Beline ne voulut du tout entendre, luy coupa la tête,
que par ordre du roy et justice, il fut dégradé, ses biens confisqués au roy d'où vient la portion seigneuriale que le roy a
dans Loches ; que son fils se faisant religieux à l'abbaye de
Poultiers, près de Chatillon, il y porta autre portion de la seigneurie de Loches, dont joüissent aujourd'hui les moines bénédictins de Poultiers, congrégation saint Vanne [1]. Le Père

1. Dans le manuscrit de Guyton est intercalée la lettre suivante adressée à
Geoffroy, sous-prieur de Mores, avec les renseignements à lui communiqués
par Singet, curé de Loches :

« Monsieur,

« Je vous envoye les notices que j'ay faites au sujet de Ste Beline avec
toute l'exactitude possible, ainsi que je vous l'avois promis. Vous jugerez
l'usage qu'on en peut faire. Je pense qu'il seroit à propos de consulter les
autheurs cités. M. Guitton, qui est déjà prévenu et qui a des connoissances
à Dijon, pourra découvrir ce qui appuie l'opinion populaire. Si je trouve
encore quelque chose qui puisse servir à l'exécution de nos projets, je me
feray l'honneur de vous le marquer, ayant celuy d'être avec un respect tout
distingué,

« Monsieur,

« Votre très humble et très obéissant serviteur
« SINGET, curé de Loches
et Landreville. »

Jules Mazarini, jésuite, oncle du cardinal Mazarin, auteur de 30 discours sur le *Gloria Patri*, ensuite de ses cent discours sur le 50ᵉ pseaulme *Miserere mei, Deus*, a fait imprimer cet ouvrage

« Je présente mes très humbles respects à M. le Prieur et à vos messieurs.

« A Loches, le 26 may 1749. »

« De tems immémorial et de tradition populaire on a apris successivement à Landreville, succursalle de Loches, paroisse du diocèze de Langres, archidiaconé d'Auxois, doyenné, baillage et juridiction de Bar sur Seine, et également dans tous les environs dudit lieu que le nommé Jean de Pantenne, coseigneur temporel dudit Landreville avec son frère, a égorgé un (*sic*) fille nommée Beline, bergère, demeurante audit Landreville, parce qu'elle ne voulut pas condescendre à son impudicité.

« Par la même tradition, il est dit que la justice ayant fait le procèz à ce seigneur pour punir son infame et cruelle action, il fut obligé de fuir et quitter le pays. Ses biens patrimoniaux, seigneurie, revenus, furent en conséquence confisqués au profit du Roy, qui depuis est devenu propriétaire d'un Bouvreau, fief dudit Landreville. Son frère se retira en l'abbaye de Pothières, prèz Chatillon sur Seine, se fit religieux, donna à ladite abbaye ce qui luy apartenoit sur la seigneurie du mesme lieu.

« Nota qu'on reconnoit aujourd'hui le Roy, seigneur en propre de Landreville (la justice s'y est rendue anciennement en son nom par un maire royal. S'il y a aujourd'huy un seigneur, il n'est qu'engagiste), et aussi que les religieux de Pothières possèdent audit Landreville un bien considérable.

« Pour vérifier ces deux faits, il faut avoir recours à la Chambre des comptes de Chaalons sur Marne *dans la bouëtte de Loches*, ainsi qu'elle s'y trouve et ensuite dans la Chambre des comptes de Dijon ou au greffe du trézor de la même ville. De même il faut s'informer à l'abbaye de Pothières par quelle voye les religieux sont en possession des revenus qu'ils possèdent à Landreville.

« Néanmoins cette tradition populaire est confirmée dans plusieurs endroits de l'histoire de Langres, écrite par M. Denis Gautherot, avocat à Langres, dans un *in-octavo* intitulé *l'Anastase de Langres, tirée du tombeau de son antiquité en deux parties, Langres payenne, Langres chrétienne*, imprimée à Langres, chez Jean Boudrot, imprimeur de la ville, rue des frères Prescheurs, en 1649.

« Cet autheur, dans sa première partie, Langres payenne, chap. 1ᵉʳ, page 19ᵉ, après avoir parlé de Bar-sur-Seine et de ses environs, lig. 18ᵉ, dit où est l'abbaye de Mores, ordre de Citeaux, fille de Clairvaux, fondée le 7ᵉ septembre en l'an 1150 en laquelle est gardée le chef de sainte Beligne.

« Dans sa seconde partie Langres chrétienne, chap. 4ᵉ, intitulé des glorieux saints natifs du diocèze de Langres, page 214, après avoir cité Sᵗ Médard, abbé de Mores, et Sᵗ Vauthier, moine, il continue, ligne 19ᵉ, de sainte Beline, de Mores, massacrée par le seigneur de Landreville, pour n'avoir pas voulu condescendre à son impudicité, et plusieurs autres, dit il, que je laisse à voir dans le même Ménologe de Citeaux, au Sanctoral de l'Ange de Moriquez, chez Chrysostome Henriquez, Gonzales de la Forest, André Breton et autres historiens.

« Il seroit à propos de consulter les autheurs cités cy dessus.

« Comme autheur, Gautherot, seconde partie, dans le catalogue des

en 1612, à Paris, chez le sʳ François Huby, rue S. Jacques,
devant le collége de Marmoutier, sous une épitre dédicatoire
à haut et puissant seigneur Louis Largentier, chevalier de
l'ordre du Roy, gentilhomme de sa chambre, baron de Chapelaines. Dans la première chapelle qui du sanctuaire tourne à
la sacristie ancienne, devenüe cave et fruictier, on voit sur
l'autel une figure en pierre de saint Bernard, tenant sur la
main droite un livre, et sur le livre une église, le chaperon
attaché à la coulle. Du côté de l'évangile, on voit dans la muraille, un monument en pierre, qui porte en haut : *Piis mani-*
bus Joannis Bapt. Largentier de Chapelaines abbati hujus
Morensis cœnobii cujus hoc lapide cor tegit, cadaver gentili
conditum sepulchro est. Andreas Stegler, amico et decessori suo,
mœrens posuit. Au dessus de cet écrit, un cœur rougi ; au
dessous : *Obiit anno 1617, tertio idus augusti, œtatis suœ 33.*

Au bas, écusson entre deux lauriers, qui porte trois chandeliers, surmontés au milieu d'une crosse en dehors. C'est
apparemment un parent de nos messieurs Largentier, Denys
et Claude, oncle et neveu, abbés l'un après l'autre immédiatement de notre maison de Clairvaux. On voit encore ses armes
à la voûte du cloitre près de l'église, et à un pillier boutant de
l'église au septentrion et au couchant, au pied de cette chapelle, deux tombes l'une au dessus de l'autre. De l'autre côté
au septentrion, on voit de grandes, vieilles armoires ferrées
dans lesquelles sont plusieurs boëtes longues formées d'une
planche coulisse, qui contiennent les tiltres de l'abbaye.

évêques de Langres, page 429, sous l'épiscopat de Claude de Longvic,
évêque de Poithiers, puis d'Amiens et de Mâcon et, en l'an 1530, évêque
de Langres, cardinal de Givry, l'an 16 du règne de François Iᵉʳ, dit qu'en
l'an 1553 fut batie l'abbaye de Mores, fille de Clairvaux, où est gardé le
chef de sainte Beline.

« On peut voir encor dans un ancien polier du diocèze de Langres, où
on prétend qu'en parlant de l'abbaye de Mores, il est dit qu'elle est recommandable en ce que Sᵗ Bernard y faisant son oraison au pied d'un crucifix,
le Christ se détacha et embrassa ce saint et aussi parce qu'elle est dépositaire du chef de sainte Beline, vierge et martire, de Landreville.

« Le peuple de Landreville et des circonvoysins ont toujours regardé
l'abbaye de Mores comme dépositaire du chef de cette sainte. Cela se prouve
par un procez intenté au sujet de ce chef en l'année...... Messieurs
de Mores ont les pièces en mains, et depuis ce procez, l'opinion populaire
n'en a esté que plus ferme et la dévotion envers la sainte plus générale
jusqu'à ce jour.

« On a toujour cru que les reliques de cette sainte sont dans une
chapelle qui luy est déiiée, scituée proche Landreville, où on voit une
tombe anciennement posée. »

Deux tombes ; une pierre élevée sur quatre petites pierres, c'est une dame dont la tête sur un coussin, un ange de chaque coté ; aux pieds, lyon et chien ; une tombe, qui fait le perron d'un tiers de l'escalier (bien grossier) de l'église au dortoir. Le dortoir est passable, mais les cellules sont mal meublées, et il n'y a pas de lieux nécessaires. Le prieur est assez commodément ayant jours au levant et au midy par une fenestre qui descend à fleur de terre et a une avance en saillie au dehors, ornée d'un grillage de fer à hauteur d'appuy. Il communique par un escalier de bois aux chambres d'hotes, qui sont peu de choses, d'un simple plancher sur la cuisine, la dépense, la salle et une autre salle, où il y a une petite armoire où l'on voit quantité de vieux linge dont on fait grand usage. Deux volumes in folio du Dictionnaire de la bible par le Rᵈ père Calmet, abbé de Senones, bénédictin congrégation de saint Vanne.

Deux autres supplémens, in-folio, au dit dictionnaire par le même autheur ; trois volumes in-4° qui sont des dissertations ou prolegomens sur l'Ecriture sainte par le dit Rᵈ abbé de Senones ; autre in-4°, style criminel. Les degrés du dortoir au cloitre sont partie nouveaux, et partie anciens. On voit au bas sur la gauche sous la petite école une longue et large tombe sur laquelle une longue crosse, y est écrit : *Johannes Morel de Celliis, abbas de Moris, anno Mᵒ. Dᵒ. XXX.* Dans le même endroit, il y a encore quatre tombes, dont deux en long, deux en travers ; on lit sur l'une qui porte une figure de moine : *Sislet.... Bertrandus in iste sepulcre.*
ley la tombe est rognée par le bas... *Prioris, anno* 1534. *Requiescat in pace.* Sur l'autre : *Cy gist frère Jehan Rous, en son vivant prieur et moine de l'abbaye de céans et fut mort, etc.*, sans figures.

Les cloitres sont jolis, voutés, hors d'œuvre, soutenus par de bons pilliers, un puits au milieu du preyhaut, ou il y a plusieurs amandiers. Le chapitre est joly, vouté à deux pilliers. On en a fait une vignée ; il est plein de cuves et de fourneaux. Dans le cloitre de collation est une tombe vers la place du milieu, qui a une figure de moine qui joint les mains. On lit au tour : *Ci gist vénérable personne Damp Jehan Joban, religieux et procureur de céans, lequel trépassa l'an M. D. XX. VII.*

Au sortir de l'église, dans le cloitre, au commencement de l'allée de la collation, est un tombeau sous arcade dans la mu-

raille. Au bout de la dite allée, autre tombeau sous arcade
dans la muraille, au devant et sur lequel est sculpté une figure
de moine, en buste. Le reste du tombeau n'a pû être vû à
cause d'une pille de planches qui le bouchent à moitié. Au
sortir de l'église dans l'allée du cloitre au chapitre, sur la
gauche, autre tombeau sous arcade dans l'épaisseur de la muraille; tous sans inscription. L'armoire où anciennement les
religieux conservoient leurs livres pour leur lecture qui se faisoit en commun dans le cloitre est un endroit vouté, dont on a
fait une dépense, d'ou on entre dans un cabinet, bien obscur,
qui a une petite lucarne sur le cloitre.

Les religieux de Mores conservent encore plus de six cent
pièces de vin dans différentes caves de Mᵣ le commendataire,
toutes belles et bien voutées, dans lesquelles on voit les armes
d'un abbé en 1618. Au haut d'une grande porte d'une des
cours de M. le commendataire, on lit : *Non mihi sed posteris*,
avec des armoiries surmontées d'une crosse. Dans leur jardin
ils ont un colombier, un grand et un petit réservoir. A l'entrée de la maison près le cabaret est une belle eau de fontaine,
où on puise pour les religieux. Plus bas et près de leur moulin on construit un pont de pierre, qui leur reviendra, dit-on, à
plus de mille écus. La communauté de Mores a droit et est
dans l'usage de députer un d'entre eux, c'est ordinairement
le prieur, aux états de la province de Bourgogne, qui se tiennent tous les trois ans dans la ville capitale, Dijon.

Il y a du linge fort propre, même damassé pour la table des
hôtes, trois services complets, mais le grand et le seul autel de
l'église en manque, même du commun aussi bien que de propreté.

Le mécredy quinzième juillet 1744, fête de nos saints martyrs Eutrope, Zozime, Bonoze, et un quatrième dont on n'a
jamais sçu le nom, nous partimes sur les cinq heures du
matin, monsieur l'abbé de Marcilly et moy, suivis de son
domestique, de l'abbaye de Mores, et nous rendismes en celle
de Clairvaux sur les dix heures et demie, en sorte qu'en étans
partys le onzième may, nous avons employé dans nôtre
tournée, deux mois et quatre jours.

AUTRE VOYAGE

Le jeudy premier jour de septembre mil sept cent quarante-six, je partis de l'abbaye de Clairvaux pour me rendre à l'abbaye de Vauluisant[1], diocèse de Sens, afin d'en retirer quelques papiers, monumens d'antiquité, chronique de Clairvaux, que dom Claude Maillet, homme fort entendu et fort laborieux, profès dudit Clairvaux, et premier prieur du dit Vauluisant après la réforme introduite en l'an mil six cent trente-huit, y avoit transporté, la quelle chronique et autres monumens étoient gardés audit Vauluisant par les soins du vénérable et très-estimable dom Hierôme Marguaisne, natif de Chalons sur Marne, ancien abbé de la Piété-lez-Rameru[2], diocèse de Troyes, lequel par un principe d'humilité s'est excusé auprès du roy Louis quatorze pour vivre en simple et exemplaire religieux dans l'abbaye de Vauluisant, sa maison de profession, où il est considéré et dans le pays, comme un homme de bénédiction, selon que me fit l'honneur de m'en écrire le vénérable dom Hamel, prieur du dit Vauluisant le 31 décembre 1743, que Dieu a depuis affligé par la perte de la vuë et dont il le remercie chaque jour avec autant de soumission qu'il a embelly avec piété l'église et le sanctuaire du dit Vauluisant, qui est un des plus beaux qui se voye, au dépens de plus de quarante mille livres qu'il y a employé dans un excellent goût, des mieux exécuté. Lesquels papiers, recueils, monumens et chronique commencée de Clairveaux, m'ont été remis fort honnêtement, par le dit dom Hierosme Marguaisne et le père souprieur et communauté du dit Vauluisant, comme je le diray dans la suite.

Le dit jour premier du mois de septembre je pris ma route pour la ville de Châtillon-sur-Seine, où j'arrivay le soir et y séjournay le lendemain, logé à la Croix-Blanche. J'y visitay l'église de saint Vorle paroissiale, au chateau, lequel saint étoit il y a 1,200 ans, natif de Marsennay[3], puis curé de la même église et paroisse scituée à deux lieues du dit Chatillon sur le chemin de Leignes[4]. On y montre le corps du dit saint

1. Vauluisant, abbaye cistercienne, fondée au diocèse de Sens, en 1127, par Artaud, 1er abbé de Pruilly. Vauluisant fait partie du département de l'Yonne, arrondissement de Sens, canton de Sergine, commune de Courgenay.

2. Abbaye fondée en 1229 par Philippe de Meringes.

3. Marcenay, département de la Côte-d'Or, arrondissement de Châtillon-sur-Seine, canton de Laignes.

4. Laignes, département de la Côte-d'Or, arrondissement de Châtillon-sur-Seine, chef-lieu de canton.

Vorle et son chef qui est séparé et déposé dans un riche buste. Je l'ay vû à nud et découvert. On y montre aussy du bois de la vraye croix, et de l'éponge présentée à Notre Seigneur, des reliques de sainte Magdeleine. Au dessus de l'autel, à droite est une sainte Vierge que l'on tient être apparuë à notre père saint Bernard, qui y alloit fréquemment faire ses prières. Dans la chapelle où elle est déposée, qui est basse et obscure, il y a plusieurs cartouches et portraits de saint Bernard. On y lit sur un tableau, en lettres d'or, Miraculi gloriam A. D. M.C.XIX.

Lignea christiparœ spectas hic Virginis ora
Lauretanœ habitu rite dolata Deœ,
   Bernardi triplici gutta quœ sparsit amictus
   Dum precibus matris comprimit ille sinum :
   Fortunata nimis tanto Burgundia partu
   Quam proprii lactis pignore virgo tulit.

Le dit château, où est l'église de saint Vorle, est fort élevé. On y monte de la ville cent marches de pierre. Dans le commencement de cette montée, il y a une table d'autel au dessus de laquelle est peinte la sainte Vierge sur la muraille, et au bas :

   Si votre corps languit par des maux incurables
   Venés icy, chrétiens, vous serés soulagés ;
   Je suis l'appuy des misérables
   Et le secours des affligés.   1717.

Il y a dans Chatillon une petite maison occupé par les Pères feuillans au nombre de trois, qui ont une petite église. J'allay leurs rendre visite, et le Père prieur vint à mon logis m'en remercier, lequel se dit avoir presché avents et caresmes en plusieurs églises notables du royaume, et souhaiteroit prescher la saint Bernard à Clairvaux. L'église de saint Nicolas est fort propre, toujours ornée de belles tapisseries. Il y a un candélabre sur l'entrée du chœur et de sa largeur, soutenu par deux petites colonnes, qui en partagent l'étenduë en trois vuides, une croix et christ au milieu, et de côté et d'autre, des chandeliers, le tout en cuivre bien propre et luisant. La haute vitre du croison qui est de ces belles et anciennes peintures, représente l'arbre généalogique de Jessé par les portraits des anciens patriarches jusques et compris la sainte Vierge et Notre Seigneur Jesus Christ. Il y a une autre vitre près la sacristie qui est aussy belle, et entière.

Monsieur Lenet [1], abbé de l'abbaye de messieurs les cha-

1. Philibert-Bernard Lenet, chanoine régulier de Sainte-Geneviève, an-

noines réguliers, a fondé dans l'église de saint Nicolas, six pré-
bendes, chacune de six cent livres, bien payées. On voit ses
armoiries appliquées au banc de M^{rs} les marguilliers. Un
grand tableau qui est dans cette église, à main gauche, y
entrant par la grande porte, représente qu'en l'an 1639, le
4 juillet, trois cent cinquante personnes allèrent en procession
de Chatillon à l'abbaye de Pontigny ¹ chef d'ordre, visiter les
reliques de saint Edme, accomplir leur vœu, afin d'appaiser
l'ire du seigneur, pour la contagion qui y régnoit. Je fis aussy
visite aux Pères capucins. Ils me la rendirent en la personne
du Père gardien et autre religieux; ils ont une bibliotèque
assez jolie et garnie. On y lit un ordre du Père provincial par
lequel, vû la perte faite de plusieurs, par complaisance, les
chanoines réguliers ont été établis à Chatillon par les soins de
notre Père saint Bernard, qui en a fait bastir l'église comme
celle de Fontenet près la ville de Montbard² : elles sont l'une et
l'autre sans charpente, les thuiles creuses posent immédiatement sur la voute. Un jubé ou tribune joly et propre entre le
chœur et la nef; il est vouté; deux chapelles dessous; une
orgue dessus. Dans la sacristie il y a une bonne argenterie;
pour reliques une coste de saint Pierre et une dent de saint
André; de saint Benigne un buste. Une bibliotèque assées
remplie, salles voutées, beaux jardins. Dans une chapelle près
le sanctuaire au midy, on voit le mausolée en pyramide du dit
Mr Lenet, abbé prédécesseur de M^r l'abbé Guyet, qui a eû
pour successeur monsieur l'abbé Gagne de Dijon, abbé mo-
derne, lequel a fait retoucher le portail de l'église sur lequel
on lit en dehors : *Amatus Cl. Franciscus Geganius Perignius
add. portic. Basil.*

Ce portail est devancé d'une belle avenuë d'arbres à trois
allées. Il nomme à plusieurs bénéfices et cures, notamment à
celle du dit Chatillon, et toujours un chanoine régulier, lequel
a son logis au presbytère près de son église paroissiale.

Il y a dans Chatillon un hopital bien fondé pour trente lics,
par Guyot de Montbard.

Il y a un père Hierosme, capucin, en réputation d'habile

cien abbé du Val-des-Ecoliers, né à Dijon le 24 août 1671, mort en 1748.
Auteur de plusieurs ouvrages.
1. Pontigny, abbaye cistercienne fondée en 1114 au diocèse d'Auxerre. —
Pontigny fait partie du département de l'Yonne, arrondissement d'Auxerre,
canton de Ligny-le-Châtel.
2. Montbard, département de la Côte-d'Or, arrondissement de Semur,
chef-lieu de canton.

prédicateur qui désireroit prescher nôtre saint Bernard. Le Père Gardien des cordeliers vient de la prescher dans Clairvaux avec applaudissement. Je ne l'ay pas trouvé dans son couvent. Le Père vicaire m'a dit comme bonne nouvelle pour eux qu'ils ont une bulle du Saint Père qui leurs permet de posséder des fonds, des rentes, d'acquérir des biens et d'en recevoir, laquelle bulle receuë en France, est homologuée ou régistrée dans les parlemens.

Abbaye de Molesme

Le samedy 3° de septembre je me rendis à l'abbaye de Molesme[1], ou je ne trouvay pas, contre mon attente, le Père prieur dom Boquet, natif d'Ambournay, qui souhaite aussy prescher notre saint Bernard, mais j'y trouvay dom Clément, procureur, et deux autres religieux faisans bien le service divin, chantans en nottes fort pausément, l'un à l'autel ; au chœur, un de chaque coté, avec beaucoup d'édification ; je les y ayday le dimanche à la grand'messe, petites heures et vespres. L'église en est belle et d'un goût singulier. Le portail est fait depuis peu d'années. L'autel est à la romaine, c'est à dire le chœur au chevet de l'église, le maitre autel plus bas et au dessus de la nef. Le corps de notre Père saint Robert est dans une châsse placée au dessus des siéges du chœur dans le milieu. Son tombeau élevé de terre dans la partie du levant renferme seulement quelqu'un de ses ossemens. Son chef est dans une tête d'argent, ayant une mitre sur la tête, qui est posée sur un buste de bois d'ébène, ou façon. La dite église et le dortoir sont au nord. Il y a dans l'église des orgues, une cheminée près d'une chapelle du côté de l'évangile, une autre cheminée, du côté de l'épitre, dont les tuyaux pratiqués dans les pilliers ne paroissent pas au dehors. Ils ont deux commis, dont l'un apoticaire qui a une belle pharmacie, propre et bien garnie. *Primus lapis hujus ecclesiæ Molismensis positus , uit ad instantiam R. P. D. Anthonii de Vienna, episcopi Cabilon., abbatis hujus monasterii per R. P. D. Claudium de Nicey, sacræ paginæ doctorem, abbatem Cari loci, cellerariumque hujus monasterii, die XXIIII. mensis septembris anno Domini M. CCCCC. XXXIIII°.*

Dans la bibliotèque de Molesme ils ont quelques manuscrits

1. Fondée en 1173 par saint Robert, au diocèse de Langres. — Molesme fait partie du département de la Côte-d'Or, arrondissement de Châtillon-sur-Seine, canton de Laignes.

6

en papier et en velin. Sur un manuscrit de papier j'y ay lû :
Vie de saint Pierre, prieur de Jully, tirée d'un manuscrit de
Vauluisant ; un autre manuscrit en velin, où j'ay lu : *Incipit
prologus in vitâ S. Roberti abbatis Molismensis. Quon.am
Jesu sacerdote magno per proprium sanguinem in sancta semel
ingresso, propalata est via sanctorum*, et à la fin : *Sit nobis
ipse possessio, si seculum relinquamus, si possessioni terrenæ
renunciamus, si hereditatem caducorum respuamus, si viventes
de seculo exeamus. Tu amen, Domine. Explicit. Scriptori sit
pax anime, sint gaudia celi. Amen. Anno Domini* 1568, *die
2 mensis februar, domus Molismensis ab hæreticis incendium
passa est.*

Inscription sur l'aigle du chœur de Molesme :

*Ex dono fratris Elionis Damoncourt, abbatis Bullencuriæ
et prioris de Fulcheriis*, 1573. Ils ont un bedeau pour le
chœur et l'autel.

Les armoiries de Molesme sont trois fleurs de lys, au dessus
desquelles est l'église de Molesme, au dessous l'église de
Cisteaux. A côté, il y a des mitres ; au haut crosse et mitre. Le
révérend Père Claude Nolson, de Dijon, bénédictin de communauté au dit Molesmes a bien voulu me donner par extrait
de leurs livres du chœur, ce qui suit :

Commemoratio sancti patris nostri Roberti. AD VESPERAS
*Antiphona : sancte Roberte, Molismensium ac Cisterciensium
pater gloriosissime, ordinis sancti Benedicti reformator per
orbem, ut sanctæ nobis spiritum regulæ a Domino impetrare
digneris humiliter deprecamur.*

AD LAUDES : *Ave, pater Roberte, nobis præsens corpore fac
ut in sanctæ regulæ te sequamur tramite.*

VERS. *Confessor Christi, Roberte, pastor egregie.*

RESP. *Ora pro nobis Deum.*

OREMUS. *Deus, qui per electum famulum tuum Robertum
in ecclesia spiritum tuum sanctæ regulæ suscitasti, concede
ut cujus corpus amplectimur, ipsius informemur et spiritu.
Per Dominum, etc.*

De l'abbaye de Molesme à notre abbaye de Quincy [1] il y a
six lieues ; j'en partis le lundy cinquième septembre, passant
et m'arrestant au chateau de Larrey, où Mr André, receveur

1. L'abbaye de Quincy, fondée en 1132 ou 1133, dans l'ancien diocèse de
Langres.

pour monseigneur le comte de Charolois me donna à diner. J'y
vis le chateau qui est beau. Il y a une belle plate forme ; terrasse large et spacieuse ; belle chapelle en rotonde, desservie
par deux chanoines, Mr Thomassin, avec lequel j'ay diné,
parent du R^d père Thomassin, prêtre de l'Oratoire, et Mr Chi-
quet qui étoit absent. Ils ont chacun 400 livres de revenu,
leur maison au chateau, jardin, verger et vigne. Aux cinq
grandes et principales fêtes de l'année, ils font solennellement
l'office entier, chantent matines, la grande messe et vêpres à
diacre et sousdiacre. Ils ont d'anciens ornemens de belle étoffe,
chappes à chaperons, chasubles à grelots pandans au bord
d'en bas, fermée partout, sinon au bout pour passer la tête,
ainsi que les dalmatiques, dont les manches sont fermées. Ils
font remarquer qu'elles sont comme la chasuble moitié rouges,
moitié bleues ; le rouge toujours du côté du cœur pour signifier l'amour dont le célébrant et les ministres doivent brusler
pour Dieu qui s'immole, le bleu, pour marquer l'espérance de
voir Dieu, dont le chrétien doit se nourrir ; donné par Milesius
de Grancey, dont le nom est sur un calice, avec un lyon pour
armoiries. Ils ont une figure d'argent, qui représente Héro-
diade tenant un plat qui porte la teste de saint Jean-Baptiste,
sous laquelle il y a une relique du saint, un soleil de vermeil
d'un gout singulier ; croix ancienne autour de la chapelle à
hauteur d'environ douze pieds. Sont en grand les figures de
Notre Seigneur Jésus-Christ et ses douze apotres, en pierre,
qui paroissent bonnes même dans la draperie, et sont estimées
par les fameux sculpteurs Bouchardon, père et fils, de Chaumont en Bassigny. On dit que les pères bénédictins de Molesme ont proposé d'achepter les dits anciens ornemens, que
nous n'avons pas trouvé rangés, ny proprement pliés. Nous les
avons plié avec le dit Mr Thomassin, auquel nous aurions
demandé que sont devenus les grelots d'argent qui pandoient
à la chasuble et depuis quand ils y manquent ; et nous auroit
répondu que depuis peu son confrère les auroit pris, en auroit
fait présent à des dames et demoiselles, qui en auroient garni
les colliers de leurs chiens. Je partis après diner, passay par le
village de Bugny, et j'arrivay à l'abbaye de Quincy sur les
deux heures et demie. Le prieur dom Petitjean, dom Hébert,
sousprieur, dom Vertot, cellerier, et dom Beauvisage, dépensier, composans la communauté étoient absens. On sonna les
vêpres et les complies sans les dire à l'église, où je remarquey
qu'il n'y avoit pas de lumière devant le saint sacrement. L'é-
glise n'est pas finie, elle est belle ; l'extrémité de la croisée de

chaque côté est en oval, composée de chaque côté de sept chapelles. Les cloitres ne sont point voutés. Au lieu de la petite école il y a une chapelle, où M^r de St-Laurent, leur procureur fiscal, qui m'entretenoit en attendant leur retour, me dit avoir entendu la messe; point de chapitre, il sert de halle et magazin, de dépense et garde manger.

Il y a, m'a t'on dit, des manuscrits que je n'ay pû voir; la sacristie est assez rangée; il y a en reliques une vertèbre de saint Antoine; *de capite s. Honorati episcopi, s. Secundæ virginis*; deux ossemens revêtus de peau, de longueur de sept à huit poulces, enveloppés dans une étoffe de soye, brodée aux bords, sur laquelle est un écrit qui porte : *de brachio sancti Basilii magni*, le tout enfermé dans un coffret de bois fait en forme d'église ayant un clocher, couvert de lames d'argent, ouvragé, fermant à visses. Dans la croisée de l'église, au nord, il y a un tombeau élevé de terre qu'ils disent renfermer le corps d'un St Gauthier religieux et abbé de Quincy[1], elû évêque d'Auxerre qui fut martyrisé faisant chemin pour aller s'y mettre en possession. Ils en font l'office le vingtième janvier sous le rit commun d'un martyr pontife, et pour cela renvoyant au lendemain l'office de saint Sébastien. Ils ont pour abbé commendataire Mr de la Bastide, qui reçoit d'eux la somme de 1400 livres, les religieux ayans charge de tout. Il est conseiller au parlement de Toulouse. Dans Quincy il y a une belle salle, belle cuisine, les femmes et enfans y entrent par les cloitres; il y a des tombeaux et figures; le préhaut est joly; au milieu une grande pierre; huit chambres au dortoir qui est beau et grand. Le prieur y est bien logé et meublé pour l'été et pour l'hyver, sur le jardin qui est spacieux, presque entouré d'eau; au bout il y a un pont qui se termine au bois, où il y a des promenades. On voit à l'entrée de la maison un grand étang, au dessous duquel un moulin, le logis de M^r l'abbé.

Je partis de Quincy le six^e septembre après midy pour Tonnerre où je croyois seulement m'arrester quelque temps, mais la pluye et le mauvais temps m'y firent passer la nuit, ce qui n'empescha pas que je n'allasse voir l'hôpital dont on m'avoit parlé. L'église qui servoit cy devant de salle pour les malades, est fort longue, fort large, car on y voit les poutres qui traversent, qui ont soixante pieds. Dans le sanctuaire est un tombeau ou mausolée de bronze, sur lequel est la figure

---

1. Saint Gautier II, 12e abbé de Quincy, mort en 1244.

couchée de la fondatrice. On lit au tour : *Hic jacet illustrissima domina, vitæ morumque floribus decorata, domina Margareta quondam regina Ierusalem et Siciliæ, filia incliti domini Odonis comitis Nivernensis, filii nobilissimi ducis Burgundiæ, fundatrix istius hospitalis de propriis bonis, et dotatrix, humilitatis speculum, caritatis refugium, puritatis vestigium, quæ obiit anno Domini 1308, die 5. mensis septembris. Oretis pro anima ejus.*

Cette fondatrice étoit belle sœur du roy de France saint Louis. Ses armoiries sont d'Anjou et de Bourgogne. Cette grande salle étant incommode aux malades à cause de la grande humidité, on les a transférés et placés dans des salles hautes. Tant pour les hommes que pour les femmes il y a vingt cinq lits.

Les malades sont soignés par douze religieuses, portant la robbe et le voile noirs, la guimpe blanche. Elles et leur dite église, nommée Notre Dame de Fontenilles sont desservies par huit chanoines à la banderolle par la fondation, réduits aujourd'huy à quatre chanoines ; lesquels font chaque jour le service divin, chantant matines, grand messe et vêpres selon le bréviaire et rit de Paris dont nous avons vûs les antiphonaires et psautiers sous le nom de Mgr de Vintimille, archevêque de Paris [1]. Le maître supérieur n'est pas chanoine, cette première place étant selon la fondation au choix du nominateur, de la donner à tel prestre qu'il jugera à propos selon sa conscience. Celui qui a cette place est Mr Cerveau ; il nous fit honnêteté, nous conduisant dans son logis qui est grand, propre et commode, il nous y offrit un lict. Il est enfant de la ville de Tonnerre. Les supérieurs majeurs sont Mr l'Archidiacre de la ville de Paris, Mr l'abbé de Poultiers lez Chatillon sur Seine, et Mr le doyen de l'église de Nevers. Le dit maître supérieur ne prend pas visa de l'évêque de Langres diocésain. Mr le curé y est qualifié de doyen. Il y a un tapis devant lui à sa place du chœur de la messe. On dit que la cure lui rapporte 2,500 livres. Il y a dans Tonnerre une commanderie du Saint Esprit, qui vaut 1500 livres. Le commandeur doit nourir la dessûs quatre à cinq pauvres. Je visitay les Rds pp. minimes qui sont dehors de la ville, sur ce que j'avois appris qu'ils conservoient de l'écriture de la main de nôtre Père abbé saint Bernard. Je n'y trouvay point le superieur, ny même le lendemain matin.

1. Charles-Gaspard-Guillaume de Vintimille du Luc, 6 septembre 1729 — 13 mars 1746.

Deux religieux m'introduisirent dans leur bibliotèque, où rien ne se présenta pour ma satisfaction, sinon le catalogue des livres, sur lequel le père visiteur marque chaque année qu'il fait sa visite ; qu'il trouve le nombre des livres qu'il a trouvé l'année précédente ou que tel livre manque, et ordonne de le remplacer au plutôt et signe, pratique qui me paroit judicieuse que nous devrions adopter. Ces Pères m'ajoutèrent qu'ils croyoient que l'écriture de saint Bernard étoit dans un coffre à trois clefs, dont l'une est toujours entre les mains du Père visiteur. Je logeay au Lyon. Il m'en couta pour souper, couchée, un valet, un cheval trois livres douze sols. La nuit fut fort interrompue par la garde qui se faisoit à Tonnerre, jour et nuit, des prisonniers de guerre, faits à la prise de Mons, de Charleroy, Saint-Guillain, etc.

Le 7 de septembre, je partis pour diner à S. Florentin. Je vis l'église à laquelle on monte par nombre de marches de pierres longues et larges. Aux côtés de la première marche sont sur pilastres deux lyons ; aux côtés de la dernière en haut, figure de Moyse tenant les tables de la loy, et la figure d'Aaron. Je visitai les Pères capucins. En entrant dans leur petite bibliothèque, on voit au fond en gros caractères sur une tablette de bois : *Anno 1525, inter Franciscanos, nati, ad stuporem sæculi, capucini qui dum Lutherus ad saginam corporis totus incumberet, prope modum nudi, non vestibus modo, sed corpore, repellunt hostes efficacicissimo telo, vivendi exemplo, tantaque inopia ut præter cælum quod sperant, nihil proprium habeant in elementis.* Au dedans de la bibliothèque, sur la porte d'entrée, autre tablette qui porte : D. O. M. ad perpetuam Dei memoriam regnante Ludovico 13°, sedente R⁴ᵉ in christo patre Joanne archiepiscopo Senonensi, Galliarum et Germaniæ primate, et magistro Johanne Girard pastore et decano civium omnium voto, evocati capucini ad hoc S. Florentinum oppidum, sedem posuere sexto idiis octobris anno reparatæ salutis 1621.

Dans S. Florentin il y a un petit Hôtel-Dieu : il a la forme d'une maison bourgeoise, c'est une salle partagée sur deux côtés qui ont chacun trois lits pour hommes et femmes, lesquels répondent à un même autel, auquel les Capucins célèbrent la messe deux fois par semaine. Deux dames séculières y ont soin des malades. Elles y ont leur demeure et y sont nourries.

Le lendemain, j'arrivay sur les neuf heures en la ville de Joigny. Je dis la messe chez les Capucins qui sont fondés par

le cardinal de Retz de Gondy, qui lui a laissé 300 l. de rente
et sa bibliothèque. La plus grande partie est à la communauté
de S. Magloire par échange ou vente, dont le prix a été employé à réparer ledit couvent. Ils y ont une coupe de vermeil
et de cristal pour soleil, entourée d'un verre, le couvercle est
aussy de vermeil et de cristal. Ils disent que c'était la coupe
d'une reine de France.

J'allay coucher à Villeneuve-le-Roy. La ville est bien pavée.
L'église paroissiale de Notre-Dame est belle : nombre de hautes figures de saints et saintes répandues au dedans et au
dehors sur le grand portail. Tout autour en dedans, à la
grande et aux basses voûtes, il y a des galeries : un beau rond-
point. Au maître-autel il y a une suspension. Le rétable
représente quatre grandes figures de pierre : S. Jean-Baptiste
près la croix, S. Etienne à la droite. S. Jean l'Evangéliste près
de la croix et la Sainte-Vierge tenant son fils à la gauche.
Beaucoup de longues fenêtres, les piliers sont délicats. L'église
est en bon état. Il y a trois autres paroisses, celle de S. Laurent qui est collégiale ; il y a dés Bénédictines et un Hotel-
Dieu.

Le 5ᵉ de septembre, je partis pour aller coucher à l'abbaye
de Vauluisant. Je dinay à Sens au logis de Saint-Luc : il m'en
coûta 2 l. 2 s. La métropole église est belle : son sanctuaire
nouvellement décoré aux frais de Mgr Languet[1], archevêque,
grand homme de bien, qui couche sur la dure. Le maître-autel
est du plus beau marbre : quatre colonnes de même marbre
soutiennent un dais de la longueur et de la largeur de l'autel,
orné de lames de bronze doré ; des anges de bonne grandeur
en bronze doré soutiennent le saint ciboire ; le pavillon est
d'argent dont le travail est très riche. On voit dans le sanctuaire les mausolées du chancelier du Prat[2] et du cardinal du
Perron[3]. Au pied du presbytère une pierre carrée couvre le
caveau des archevêques. Le chœur est neuf, tout est boiserie et
sculpture. Dans la nef, une chaire haute, large, sur quatre roulet-
tes, fixée néanmoins par une bande de fer au pilier : on dit que

1. Jean-Joseph Languet de Gergy (1675-1753), évêque de Soissons en
1715, membre de l'Académie française en 1721, archevêque de Sens en
1730 ; zélé partisan de la *Bulle Unigenitus*.

2. Antoine du Prat, premier président du parlement de Paris, chancelier
de France de 1515 à sa mort arrivée en 1535.

3. Jean Davy du Perron (1556-1618), archevêque de Sens en 1606. Il
remplit de hautes missions diplomatiques, après avoir préparé Henri IV à sa
conversion.

notre saint père Bernard y a prêché, pour quoy elle est en vénération. A un autre pilier en face, on fait observer une petite
tête nue qu'on y a placé dans un coin, par dérision pour le
nommé Pierre de Cugnières, qui voulait ôter aux ecclésiastiques leurs biens.

J'ai vu à la sacristie les saints Evangiles, manuscrit velin ; à
la fin du volume sont les serments des seigneurs archevêques.

Une personne malade des yeux se présente à genoux au sacristain qui lui donne à baiser l'anneau de S. Loup[1], archevêque de Sens, et lui appliqua sur les yeux, en disant une
oraison au saint.

Il y a une tablette qui porte un décret de MM. du chapitre
contre les causeurs et les babillards.

Le trésor des reliques et des plus riches ornements est dans
une tour du grand portail sur la gauche. Ils montrent du bois
de la vraye croix, de l'éponge, de la robe sans couture de
Notre-Seigneur, du manteau blanc dont il fut couvert par
dérision, un clou, une pierre de la lapidation de S. Etienne,
patron de l'église de Sens ; l'un de ses bras et autres de ses
reliques ; bras de S. Siméon sur lequel il porta Notre-Seigneur
au Temple ; une figure de vermeil de S. Jean-Baptiste qui de
sa main gauche tient un soleil dans lequel on renferme la
sainte hostie, et de l'index de la main droite, la montre en
disant : *Ecce agnus Dei.* Et plusieurs autres beaux reliquaires.

Les Pères jésuites y ont un collège qui est une petite maison et une petite église, les Bénédictins de Saint-Pierre-le-
Vif et les Célestins.

Le 19 septembre, j'arrivai à l'abbaye du Vauluisant, à cinq
lieues de Sens. C'était le but de mon voyage pour en retirer
des mémoires chronologiques sur Clairvaux de notre dom
Claude Maillet, que le vénérable dom Hiérome Marguaisne,
ancien abbé de la Piété, me mit en main avec beaucoup de
politesse. Il y joignit un petit cahier manuscrit au devant
duquel est écrit : *De prospero et adverso Cisterc. ord. statu;*
autre petit cahier manuscrit sur l'ordre de Cîteaux, en latin,
par Mathieu Pillart, professeur de théologie, puis 36e abbé de
Clairvaux. — Vita S. Giraudi de Castellariis manuscripta. —

1. Mort le 1er septembre 623.

Un grand cahier manuscrit sur les abbayes d'Auberive et de Fontenet. — Abrégé de la vie de D. J. Picart, prieur de Cheminon, 1649. — Vie de la bienheureuse Ide, première abbesse d'Argensolles. — Vita Petri Monoculi Clarev. octavi abbatis. — Une lettre en grand papier concernant la fondation des religieuses du Petit Clairvaux de Metz. — Comptus subsidii Parisius impositi, anno Domini 1493, pro Clarev. — Cahier des remarques sur S. Bernard, tirées de divers auteurs. — Vita et martyrium beati Bernardi, monachi Populeti, manuscripta. — Vies de la b. Asceline, vierge; de la b. Juste, recluse de Citeaux; de S. Simon, convers de Villers; de la b. Julienne; de S¹ᵉ Hildegarde, cistercienne. Le tout sous un portefeuille recouvert en parchemin.

L'église de Vauluisant est large, élevée, voûtée, longue : son sanctuaire est des plus beaux par sa construction et ses ornements. Le maître-autel porte 14 pieds de longueur. Le corps de l'église a tellement menacé ruine entière qu'on n'a pu la prévenir qu'en remplissant chaque arceau des basses voûtes d'un mur auquel on n'a laissé qu'un petit passage, et que par une forte arcade pratiquée au pied de l'escalier de l'église au cloître régulier. Le cloître est lambrissé dans ses côtés. On y entre du côté de l'occident par une porte à grille de fer. Le réfectoire est beau, long, voûté sans piliers. Le chapitre est relevé, boisé, un pilier au milieu ; petite armoire à serrer les livres, laquelle porte un pupitre. Le siège du supérieur, pas plus haut que le banc des religieux, mais le dossier un peu concave à deux appuis fermés. Entre le chœur et les chapelles de la nef, il y a un petit passage. A l'entrée du chœur, un petit bénitier en fayence commune. Il n'y a point de jubé, mais, dans le chœur, au milieu, un pulpitre de fer ouvragé à deux faces. Le tableau de l'une de ces chapelles représente Ste Syre en grand, enchaînée devant un crucifix, élevant les mains vers Jésus-Christ qui luy met une couronne sur la tête : beau grillage qui sépare la nef du chœur, un petit orgue propre. Le portail est ancien, petit, mais entier, entre deux tourelles aux angles de l'église pour monter au clocher : sur la porte de ce portail est une petite sainte Vierge tenant l'Enfant Jésus. Il y a trois belles lampes au sanctuaire, au chœur et devant les chapelles de la nef. Une lampe toujours clairaut devant le Saint-Sacrement.

Sur l'autel du sanctuaire, sont une très belle croix et de très beaux chandeliers en cuivre : deux grandes figures d'anges aux côtés, auprès d'eux un chandelier à trois branches ; autre autel derrière, dans le rétable, est une Assomption qui tient le saint ciboire suspendu, surmonté d'une gloire. Le tout, de grand goût et magnifique.

La sacristie est belle, bien boisée, parquétée : belle argenterie et ornements. Cette maison est de 25 religieux. On lit dans la sacristie, sur une tablette : *Vallis lucens fundatur anno 1127 ab Artaldo primo abbate Prulliaci : eodem regnante, atrium benedicitur anno 1129 ab Henrico Apro Senonensi archiepiscopo. Major basilica vero est dedicata ab eodem in honorem dei sub titulo beatæ Mariæ Virginis, sumptibus regis Francorum Ludovi junioris anno 1144, 9° octobris. Decimo tertio octobris anni 1562, iterumque anno 1571 hæretici Calvinisti hanc domum invaserunt, combustis sacris reliquiis, vasa sacra etc. depredati sunt. Trigesimo primo mensis marcii anni 1638, reintroducta est stricta observantia.*

Le père prieur dom Jean de Ranty, flamand, venait de mourir le 4 septembre. Les autres religieux subsistants que j'y ai vus sont: Dom Fr. Hamel, de Pontoise, religieux de Barbeau, ancien prieur de Vauluisant, qui a décoré le chœur si magnifiquement ; dom Jérôme Marguaisne, de Chaalons ; D. Edme Catté, de Provins, sous-prieur ; D. Pierre Jarlot, de Maizières ; D. Benoit Herman, de Chaalons ; D. Fr. Rosquin, de Charleroy ; D. Claude Meunier, de Lyon ; D. Jacques Cordier, procureur, de Sedan ; D. Louis Michel, parisien, grenetier ; D. Joseph de la Halle, ardennais ; D. Thomas Le Brun, de Metz, sacristain ; D. Jean Malzan, breton, diacre. Le dortoir est beau : on y travaillait ; on y a réduit le nombre des chambres à 18. De plein pied on va à la bibliothèque, qui est un beau bâtiment, voûté dessus et dessous, dans le genre de celle de Clairvaux : on croit que le même ouvrier a construit les deux. On reconstruit à neuf l'escalier du dortoir au cloître, à la place de l'ancien chauffoir. Cette maison a eu de nos jours le noviciat qui y fut transféré de l'abbaye de Vauclair, par ordre de la cour. Le logis des hôtes est commode et propre. Il y a un logis abbatial éloigné de l'église et un moulin. Les jardins sont vastes et beaux : de belles allées d'arbres plantés par D. Marguaisne, et plusieurs autres autour de la maison au dehors qui font de fort belles avenues.

Il y a une chapelle à l'entrée de la grande cour à deux grandes portes. Dans les maisons contiguës à cette chapelle, on croit y remarquer par les lambris de voûtes les vestiges d'une maison religieuse qui y aurait été autrefois.

Le 12 septembre, je partis avec dom Louis Michel pour
l'abbaye de Prully [1], passant par la petite ville de Bray-sur-
Seine [2], distante de six lieues, où nous dînâmes. La principale
église y est Notre-Dame. On voit dans le chœur un tombeau
élevé de terre qui porte la figure en marbre de Mme Delbene
de Mesme, dame du lieu. Cette baronnie, aujourd'hui pairie,
appartient à M. de Rochechouart-Mortemart. Petite église
du couvent des Bernardines qui sont sous la juridiction de
l'archevêque de Sens : la supérieure a la qualité de prieure,
nommée Mme La Planche, que l'on dit avoir beaucoup d'esprit. Il y a huit religieuses, dont une est Royale : elles ne reçoi-
vent pas de novices.

Sur la route de Bray à Prully, on passe auprès du village de
Saint-Sauveur [3] où il y a un prieuré d'anciens bénédictins, qui
ont composé avec ceux de la congrégation de Saint-Maur, qui
y sont établis par permission de la cour. Il y a actuellement
quatre religieux de l'abbaye de Sainte-Colombe de Sens.

L'abbaye de Pruilly a, à l'entrée, le logis de M. l'abbé, dont
les jardins sont beaux : fort grande cour commune aux religieux et à l'abbé, dans laquelle est le portail ancien de l'église ;
autre grande cour des religieux où sont leurs granges, remises et
écurie, de laquelle on entre dans un vestibule qui a à gauche
la chambre de jour pour Dom procureur. Du vestibule au
cloître qui sur la droite conduit à une belle salle pour les
hôtes, vis-à-vis de laquelle est la dispense, auprès de la cuisine
qui tient au réfectoire qui est beau pour sa longueur, voûté en
berceaux sans piliers. Dedans le chapitre et autres endroits du
cloître on voit des tombes qui portent figures de religieux,
vêtus de la coulle attachée au capuchon, manches étroites et
courtes : il semble que par dessus les manches la cuculle soit
serrée par une ceinture qui cependant ne paraît pas. Le siège
du supérieur est large à tenir trois personnes, clos par les côtés
au moyen de deux appuis remplis à bras. On observe le silence
pendant les repas.

L'église est belle : beau sanctuaire, bel autel : une plaque
de bronze fait le fond du rétable, et un devant d'autel, en
bronze doré : c'est une descente de croix et Notre-Seigneur
entre les mains de Marie et de plusieurs autres personnes bien

1. Preuilly, abbaye cistercienne, fondé par le comte de Champagne en
1116.
2. Ville de Champagne avec titre de baronnie pairie. (Seine-et-Marne.)
3. Seine-et-Marne, canton de Bray. Patrie de Mansart

représentées en relief : deux grands anges adorateurs, belle croix et chandeliers. Grande figure de la Sainte-Vierge tenant son divin Enfant au milieu de l'autel. Les sièges du chœur sont simples ; ceux de l'abbé et du prieur semblables aux autres, à l'exception que le dossier a un peu de sculpture. Ni jubé, ni orgues. A l'entrée du chœur, derrière la place de l'abbé à vêpres, il y a un petit bénitier de fayence. Dans la nef, séparée par une grille de fer, il y a une chaire à prêcher. La sacristie, ancienne, est propre. L'escalier du dortoir est très usé : le dortoir est beau, long, un peu sombre ; chambres des deux côtés. Deux chambres du dortoir sur le préau font la bibliothèque qui est petite : ils ont une belle Bible en 10 gros volumes grand in-f°, chez Ant. Vitré, Paris, 1645. Dans la bibliothèque, on lit sur une tablette en latin le temps de l'établissement de l'abbaye par le comte Thibaut de Champagne et Aelide, sa mère, en 1118. Artaud, premier abbé, a sa sépulture élevée dans le cloître, près de l'escalier de l'église au cloître. Imbert, dix-huitième abbé, dont nous avons des ouvrages sur velin. Le septième abbé commendataire a été Toussaint de Forbin de Janson, cardinal-évêque de Beauvais, décédé le 24 mars 1719, lequel a donné à l'église de Prully le chef de S. Donat, revenant de Rome d'où il l'a tiré et dont les religieux font l'office. Ils montrent le chef de S. Jacques le Majeur.

On me dit à Vauluisant que je trouverais à Prully de l'écriture sur écorce d'arbres, mais je n'y trouvai rien moins. Le bibliothécaire me fit voir trois ou quatre volumes de bois, les uns composés de 8 planches, les autres de 4, de 2. Mais je n'y lus que des articles de recepte et de mise d'un cellerier ou dépensier. Néanmoins, la rareté de la chose me porta à prier les pères prieurs de me favoriser d'un volume, ce qu'ils m'accordèrent. Je l'ai apporté à Clairvaux. Ce volume est composé de six petites tablettes, unies ensemble en forme de livre par trois languettes de parchemin : elles ont en hauteur dix pouces et demi et 4 lignes ; de largeur 5 pouces 1 ligne et 2 lignes d'épaisseur. Sur chaque tablette au dedans et au dehors on a répandu une espèce de mastic ou une encre qui a plus de corps que la commune, sur quoi on a écrit plusieurs articles de receptes et de dépenses. Il reste encore dans la blibliothèque plusieurs de ces tablettes sur l'une desquelles il est écrit : 1312, 1314 *quo tempore Guillelmus de S. Dyonisio erat bursarius*. Il y a un manuscrit en velin de la vie du bienheureux Guillaume, évêque de Bourges. La maison de Prully est vaste

et fort grande ; il y a un fort beau jardin pour la communauté,
Nous vîmes là un frère de chœur d'environ 60 et quelques
années qui a des absences d'esprit : c'est frère Yves du Chatel,
fils du baron du Chatel, seigneur de Querley, près de Quimper ;
il a un frère doyen du chapitre de Roye en Picardie. Le prieur
est un bon garçon.

Ils ont pour voisins, à une lieue, M. de Trudaine, seigneur
de Montigny [1], conseiller d'Etat, et M. du Pré-de-Saint-Maur,
maître des requêtes.

De l'abbaye de Prully, dom Pierre voulut bien m'accompagner, le 14 septembre, à l'abbaye de Barbeau. Nous passâmes
par Valence-en-Brie, distant de six lieues [2].

L'abbaye de Barbeau [3] a au bord de sa maison un petit port
sur la Seine qui ne peut que lui être incommode et préjudicia-
ble, occasionnant dans l'abbaye beaucoup de travailleurs et
manouvriers au port qui s'y glissent et pillent la maison.
Grande et spacieuse cour où sont les granges, belles étables
voûtées et greniers au-dessus bien voûtés : deux grandes portes pour entrer et sortir.

Le portail de l'église est ancien, ruineux, lequel a sur le port
extérieur une Sainte-Vierge tenant l'Enfant-Jésus. L'église
assez longue, peu élevée, bien voûtée : la nef est séparée par
une grille. Les basses nefs sont formées par brisure : deux
autels dont l'entre-deux est fermé par une porte de bois, ouvragée à jour au-dessus de l'appuy : le passage pour le chœur
de vêpres est étroit : il y a un petit bénitier de fayence à
l'entrée.

Le chœur a 17 sièges de chaque côté, outre ceux des supérieurs : ils sont de très beau bois de chêne venu de Hollande,
disent quelques-uns, et plus vraisemblablement, disent d'autres, tirés de la forêt de Fontainebleau, à cadres carrés, ornés
de fleurs de lys et sculpture : au-dessous sont de petits carrés
renfermant des couronnes bien sculptées. Les places d'abbé et
de prieur sont semblables : deux colonnes sur le devant, du
même bois ; au milieu du chœur, un aigle en cuivre, un haut
chandelier de cuivre avec pulpitre sur le milieu du degré du
presbytère, que l'on allume dès le commencement de la messe
avec un cierge de chaque côté de l'autel. Entre ce haut cierge

1. Montigny-le-Guesdier, canton de Bray.
2. Canton du Chatelet, arrondissement de Melun.
3. Barbeau, abbaye cistercienne du diocèse de Sens, fondée en 1147,
par le roi Louis VII, qui y fut enterré.

et le degré intérieur du sanctuaire est le tombeau élevé de terre du roy Louis le Jeune, septième de nom, ayant la tête au chœur : au devant et au bas de la tête, il y a un écusson tout de fleurs de lys, une couronne à la tête, ouverte et sans fleurs de lys : aux pieds du tombeau on lit :

> Hac sacra Lodoix quiescit urna
> Quem, regum ordine, septimum recenses
> Et vivens meruit pius vocari.
> Inter mille deo elevata Templa
> Dotatosque domos piissimus rex,
> Barbellum sibi condidit sepulcrum
> Immortale decus, perenne amoris
> Signum prœcipui, perenne lumen.
> Jactent et merito sibi superbos
> Construxisse domos, dedisse croesum
> Nobis, quid melius dedit seipsum.
> Gemmis, arte nova, profuso et auro
> Quandum magnificum fidelis uxor
> Sponsa tota sua regens Adela
> Erexit lapidem, ac diebus, annis
> Transactis quoque sœculis et œvo,
> Consumptus ruit, hunc, prioris umbram,
> Cernis marmoreum, aureum futurum,
> Si per fata licet deum precatus
> Et mortis memore hinc abi viator.

Sepultus est anno 1180 mense septembri. » — Son anniversaire se fait par décret de notre chapitre général de 1183, le 19 septembre. L'abbaye de Barbeau a été fondée en 1145. Sa situation est assez jolie et saine. Sur le degré intérieur du sanctuaire, il y a deux hauts chandeliers de cuivre, dont on allume les cierges pendant la messe pour l'élévation. L'autel et le rétable sont de pierre, fort élevés. C'est un bel ouvrage ancien, fort délicat en sculpture : il y a des tombeaux près la muraille, du côté de l'évangile. En carême, ils mettent comme à Clairvaux un rideau blanc sur le degré du presbytère. Le saint Ciboire suspendu est couvert d'une espèce de pavillon, fait de même ouvrage que le rétable. La sacristie, au nord, belle, bien boisée et parquetée : beaux meubles, savoir une croix et huit chandeliers d'argent, égaux et bien travaillés ; c'est un présent : une ancienne croix, belle, qui renferme du bois de la vraie croix : le tonnerre en a enlevé une pierrerie et a fait un petit trou au pied : son ouvrage est un filigranne très artistement élaboré ; une douzaine de beaux calices, une coupe en façon de nos entonnoirs, qui a un pied et sert chaque jour à la communion aux jeunes religieux pour y prendre un peu de vin au sortir de la Sainte-Table : elle est en vermeil. Plusieurs paires de burettes et plats d'argent. Beaux ornements blancs. Pas d'orgues.

Les religieux se lèvent régulièrement à deux heures de la nuit pour l'office des vigiles : reviennent au chœur à cinq heures et demie ; la grande messe à huit heures et demie ; ensuite à dix heures trois quarts ils disent nones ; puis, après la fête de l'Exaltation de la Sainte-Croix, vont de suite dîner. Dans une chapelle, derrière le chœur de l'abbé, il y a un autel qui n'est point en usage pour le saint sacrifice : au-dessus est un tableau sur toile qui représente la première assemblée de l'ordre de Cîteaux. En haut est le nom de Dieu en hébreux, de chaque côté duquel est un moine noir à genoux : l'un à droite tient un livre ouvert ; l'autre à gauche une église : au bas, plusieurs moines blancs en demy-cercle : l'un au mileu, plus élevé que les autres, vêtu de la coulle blanche, le chaperon par dessus, assis, portant la couronne de gloire sur la tête, tient de sa main droite un rouleau de papier sur lequel est écrit : *Carta caritalis quia unius veri regis.* A ses pieds on lit : S. Steph. 3. abb. Cist., general.; à sa droite, un abbé ayant la couronne de gloire, assis comme les suivants sur un siège inférieur : à ses pieds on lit : *S. Petrus* 2. *ab. Firmit.* Le second sans couronne de gloire, à ses pieds on lit : S. Bernardus 1. abb. Clareval. Le suivant, couronne de gloire, à ses pieds : D. Artaldus 1. abb. Prull. Le suivant avec couronne de gloire, à ses pieds : S. Joann. 1 abb. Bonavallis. Le suivant : D. Godefridus. 1. abbas Fontenet. Ce sont les cinq abbés à la droite du premier. Voici ceux qui sont à la gauche : un abbé assis avec couronne de gloire, à ses pieds : S. Hugo 1. abb. Pontiniac. Un suivant assis sans couronne de gloire, à ses pieds : D. Arnould, 1. abb. Morimund. Le suivant : D. Amalricus, 1. abb. Curiæ Dei. Le suivant avec couronne de gloire, à ses pieds : D. Rogerus, 1. abb, Trium Fontium. Le suivant et dernier sans couronne de gloire : D. N., 1. abb. Domi Radii. Cette chapelle et son autel sont vis-à-vis une autre chapelle qui est à l'orient, lequel est consacré à S. Bernard et à S. Thomas de Canterbury, en 1178, par Maurice, évêque de Paris. Dans la chapelle voisine, à l'orient, est un tableau sur toile représentant Ste Catherine et S. Brice, tenant dans le bas de son manteau des charbons rouges pour prouver son innocence à saint (*sic*) qui y est aussy représenté.

Les chapelles de la nef : l'une à droite et à gauche les figures de S. Jean et de S. Benoit ; l'autre de la Ste Vierge et de S. Bernard, d'un très beau bois de chêne comme celui du chœur, mais bien travaillé en sculpture. Sous le bel escalier du dortoir est un lavoir pour le célébrant.

Le cloître a quatre côtés, plafond en anse de panier ; beau préau, jet d'eau.

Le chapitre est beau, bien voûté, délicatement avec des ornements et sculptures : la voûte élevée sur deux piliers délicats, ornés de figures : il est proprement boisé tout autour. On dit qu'un dom Gervaise, ancien abbé de la Trappe, qui demeurait à Barbeau, a fait la dépense de cette boiserie. Il y a plusieurs tombes d'abbés, une crosse sur chacune : sur un socle, il y a une épitaphe : *Hic jacet dominus Guibertus quondam abbas hujus loci.* La place du supérieur n'est pas plus élevée, auprès de laquelle est un pulpitre sur lequel sont les œuvres de S. Bernard, une lanterne sur un guéridon pour faire la lecture de complies : le gros pulpitre au milieu pour la lecture du martyrologe et de la règle de notre saint Père S. Benoit, sur lequel on pose la table qui marque les offices ecclésiastiques. Il y a à l'entrée et dedans douze tablettes : sur l'une sont les obits pour les fondateurs sous ce titre : *Miseremini mei, miseremini mei saltem vos amici mei.* Sur l'autre sont les noms des abbés de la maison.

A un pilier du chapitre et dehors il y a une peinture sur pierre qui est une figure du même roy Louis VII debout, ayant au-dessus les armes de France et de Navarre peintes. Tout autour des fleurs de lys et la lettre L de la hauteur de six pieds. Sur un petit marbre noir sont gravé en lettres d'or : *Ludovicus septimus hujus cœnobii fondator, ac propriis cineribus illustrator,* 1633. Le tout couvert d'une grille fermant à clef.

La petite école comme le parloir sont propres et voûtés délicatement comme le chapitre : ses fenêtres sur le cloître sont murées.

Le côté du cloître pour la lanterne de complies est en partie boisé : le siége du lecteur est au-dessus un tiroir. Le support du pulpitre est de fer ouvragé. Le jeudy saint on y fait la lecture et le *mandatum.*

Le réfectoire est haut, assez beau, voûté : on en a retranché 5 à 10 pieds à l'entrée par une balustrade en menuiserie qui fait du haut comme une tribune qui sert de passage du dortoir au logis des hôtes : au-dessus on trouve à laver et à essuyer ses mains et une entrée à la cuisine pour en tirer les mêts.

Le dortoir est beau, long, plafonné en anses de pannier, les chambres assez grandes : elles ont deux fenêtres : il y en a des deux côtés. Celle du vénérable dom Jean Michel Jaladon, parisien, prieur âgé de 80 ans, qui gouverne en cette qualité la maison depuis 40 ans avec grande régularité, et auprès de l'église, haute simple, les murailles nues, les chaises de paille.

La bibliothèque et les archives sont dans une salle à la hauteur de la moitié de l'escalier du cloître. On m'y montra un pseautier latin, imprimé en langue arabique, et un brouillon de la vie de S. Paul, apôtre, composés par dom Gervaise.

Le portail de l'église est plus profond que d'ordinaire : il y a un pilier de chaque côté, voûté délicatement, duquel sur la gauche on entre dans une chambre destinée à donner à dîner aux dames ; jamais à coucher. Le logis des hôtes est assez propre. Les jardins sont beaux, spacieux, jets d'eau : plusieurs cloîtres. Les bâtiments de la basse-cour sont bas. Ils sont 12 ou 15 en communauté qui vivent régulièrement.

Je partis de Barbeau le 16 septembre et j'arrivai à Naugis [1] : l'église est belle, grande, bien voûtée, beau rond-point : belles chapelles : le chœur simple et propre : neuf grillages de pilier à pilier qui entourent le grand autel et le dégagent gracieusement : autre grillage séparant le chœur de la nef. Il y a un tapis à la place de M. le Curé qui a 2,000 fr. de revenus. On y voit la chapelle du seigneur de Naugis où le dernier maréchal est inhumé depuis 3 ou 4 ans : il n'a pas voulu qu'on lui érigeât de mausolée particulier.

Il y en a un élevé en marbre avec figures du seigneur et de son épouse derrière lui à genoux. Autre en pyramide et cadre en marbre avec figure. La muraille au levant et celle du midi sont ornées du haut en bas en peinture des armoiries desdits seigneurs et de leurs alliances avec leurs noms. C'est le dernier maréchal qui a fait la dépense de reblanchir l'église. Au milieu du chœur est un aigle en cuivre au bas duquel on lit en lettres gothiques : l'an mil c. LXXIII, le XVIII° jour de septembre, cette présente église a été dédiée par S. Thomas, martyr, évêque de Cantorbéry. — Au-dessus de cet écrit et dans une petite niche la figure de S. Thomas. Dans une autre niche voisine est une figure d'un saint qui tient un agneau qu'il montre de son index. C'est apparemment S. Jean-Baptiste, cependant au bas est gravé S. Martin.

1. Petite ville de Brie, érigée en marquisat en 1612 pour Antoine de Brichanteau, confirmée en 1749 pour M. de Guerchy.

7

Ledit maréchal de Nangis a laissé une rente de 1,500 fr[1]. à l'hôpital pour fonder la place de trois sœurs pour soigner les malades pour lesquels il y a actuellement sept lits, et enseigner gratuitement les petites filles de la ville.

J'arrivay le soir à l'abbaye de Jouy[2] qui est à 2 lieues de Provins. C'est une belle, grande et spacieuse maison. Longue, haute et belle église, fortifiée de quantité de ferrements en ancres, bandes aux arceaux de la voûte, sur le chœur. Les religieux disent que ces ferrements ont été mis dès le commencement.

Le sanctuaire, les côtés des chapelles voisines sont boisées proprement. Au sanctuaire, vers le bas du degré du côté de l'Epître, est une pierre de marbre à fleur de terre, sur laquelle est gravé le nom du second abbé de Jouy, depuis évêque de Meaux[3], et enterré en 1160. Dans une chapelle voisine, qui est au midi, vis-à-vis l'escalier du dortoir, est un tombeau orné de lames de cuivre : la figure en cuivre d'un évêque couché, fort orné tout autour d'émaux et de pierreries qui ne sont plus dans chatons, aussi bien que la mitre : il est revêtu du pallium. Ce tombeau était dans le sanctuaire du côté de l'évangile, élevé de terre et incommode au service de l'autel, ce qui fait qu'on l'a déplacé. A la place on a placé un marbre à fleur de terre, dont l'inscription gravée marque que son nom de famille était Beaulieu, archevêque de Bourges et cardinal[4]. Le chœur a quinze sièges au long et trois au dossier de chaque côté. Boiserie élevée, propre, pareille à celle du sanctuaire. Pas d'orgues. Les chapelles de la nef touchent le derrière du chœur : celle de la Sainte-Vierge derrière la chaire de l'abbé, celle de S. Bernard de l'autre côté. Puis en descèndant et dans toute la largeur de l'église un grillage de fer qui sépare la nef du chœur : le dessus de la porte grillée porte des armoiries dorées.

Le portail de l'église est profond avec piliers. M. l'abbé y a une porte de communication : son logis est au midi. C'est aujourd'hui monseigneur de Vauréal[5], évêque de Rennes, ambassadeur en Espagne, qui n'accommode pas les prieur et réligieux,

1. Louis-Armand de Brichanteau (1681-1769), maréchal en 1742.

2. Abbaye cistercienne, diocèse de Sens.

3. Renaud fut évêque de Meaux de 1158 à 1161.

4. Simon de Beaulieu, archevêque de Bourges de 1281 à 1294.

5. Louis-Gui Guérapin de Vauréal, ambassadeur en Espagne, évêque de Rennes de 1732 à 1758.

et les laisse, disent-ils, à la mercy d'un agent ou intendant qui n'entend du tout aux affaires. Le service divin se fait bien à Jouy : il y a de bonnes voix qui ne s'épargnent pas. Les religieux marquent dans l'église et dans le cloître l'endroit des sépultures de leurs confrères par un carreau de brique sur lequel est gravé les noms et surnoms des religieux et le temps de l'obit. La sacristie au nord assez propre. Il y a des reliques, entr'autres un buste dont la tête porte en étiquette : *Sancti Marci et Marcelliani*, quoi qu'il n'y ait qu'un chef. Il y a des saints de figure antique. Beaux cloîtres voûtés dans les quatre parties en ogive. Le chapitre qui a trois fenêtres au levant est bien boisé de côtés, mais pas au fond. Au devant du réfectoire, une belle rotonde voûtée sur laquelle il y a une fontaine. Le réfectoire est beau, long, large, sans pilliers, bien voûté, bien éclairé : une chaire dont l'escalier est dans la muraille, mais la lecture se fait à la table du prieur. Le dortoir est beau et assez large. De l'horloge il y a un fil de fer qui répond dans le milieu du dortoir à un timbre qui réveille forcément à deux heures après minuit pour l'office divin. Du dortoir on monte par 4 ou 5 marches à la salle de la bibliothèque, belle, bien boisée, parquetée. Il y a de bons livres, des manuscrits en velin, deux gros globes. Du dortoir, un peu au-dessus de la bibliothèque, on va à l'infirmerie, dont les fenêtres donnent sur une chapelle d'où les malades entendent la messe. L'appartement du prieur qui a issue au dortoir, est fort commode. Il y a une galerie au-dessus du cloître qui communique au logis des hôtes qui est honnête et propre.

Le 19 septembre je vins à la ville de Provins, distante de deux lieues. Je m'arrêtay d'abord à l'abbaye de Saint-Jacques, de chanoines réguliers de Sainte-Geneviève, où le prieur me fit remarquer des travaux : une cuisine en terre : la bibliothèque et deux chambres l'une sur l'autre : je ne vis que celle du bas, fort belle, dont chaque armoire a son petit grillage de cuivre et leur a été donné par leur abbé. M. d'Aligre, chancelier de France [1] y a son tombeau du côté de l'Evangile, partie dans la muraille, partie dehors, assez simple, qu'il fit faire 50 ans avant sa mort, parce que son faible tempérament le menaçait chaque jour de sa fin. Le prieur décore l'église : il y a fait faire une porte en grillage de fer à l'entrée du chœur d'un grand et riche dessin, habilement travaillé.

---

1. Etienne d'Aligre (1592-1677), nommé chancelier le 4 janvier 1674.

J'ai vu dans Provins les pères bénédictins de Saint-Ayoul. Leur maison est petite, comme la bibliothèque, mais jolie. Leur église est contiguë à une autre église du même nom qui sert de paroisse à la ville.

A deux pas de la ville, sur la hauteur, est une abbaye de Cîteaux, nommée le Mont Notre-Dame[1]. Ce sont des religieuses, dont les facultés sont petites : elles vivent pauvrement et régulièrement.

De Provins, retournant à l'abbaye de Vauluisant qui mérite d'être vue plus d'une fois, j'allay à Nogent-sur-Seine qui en est à 4 lieues[2]. L'église paroissiale Saint-Laurent a sa beauté. Il y a au faubourg des Pères Capucins qui ont une petite bibliothèque et une église qu'ils décorent. La rivière de Seine passe à Nogent et il y a un beau pont pour les grands batteaux. C'est M. le maréchal duc de Noailles qui en est seigneur engagiste[3].

De Vauluisant je passai deux jours après, pour mon retour à Troyes, par la petite ville de Villeneuve-l'Archevêque[4] qui en est à une lieue. Je m'y arrêtai pour voir l'église qui porte des marques de sa dépendance de celle de Sens, par les armoiries de M. Languet, archevêque, qui sont en plus un endroit du chœur. Cette église a une grande porte au nord, dont le dehors est orné de plusieurs grandes figures de pierre. La grande porte au couchant n'a rien de remarquable. Elle est voûtée au sanctuaire et au croison traversant. La chaire est du côté de l'épitre, vis-à-vis un *Ecce Homo*. Dans une chapelle particulière du côté de l'Evangile, sur l'autel, est un Dieu de Pitié qui se voit par le grillage, qui sert de devant d'autel. C'est un chanoine régulier de Sainte-Geneviève de Paris qui en est toujours curé à la nomination de l'archevêque. Je fus dîner à Saint-Liébaut chez le sieur de Rhin qui est bon et honnête, et je fus voir le beau château de M. le duc d'Estissac, autrefois de M. le chancelier Séguier. Les jardins, les caneaux d'eau y sont d'une prodigieuse longueur, bien entretenus : ceux qui environnent le château sont larges, profonds de six pieds, et contiennent beaucoup de poissons, entr'autres des carpes que

1. Fille de Preuilly, fondée en 1230 par le comte de Champagne.
2. Département de l'Aube.
3. Adrien-Maurice de Noailles (1678-1766).
4. Chef-lieu de canton de l'arrondissement de Sens (Yonne). L'église réunit les trois styles romans. XIIIe siècle (le portail) et Renaissance (le chœur).

M. André, le concierge, me fit remarquer, de couleur verte, rouge, blanche. Il y a une petite chapelle propre : le tableau de l'autel est le roi saint Louis. Dans la chambre de la dame, il y a une belle tapisserie de soye, fils d'or et argent : c'est l'histoire de Marie Stuart, reine d'Ecosse. Autre tapisserie à fleurs de lys du temps du chancelier. Tour de lit de damas de Caux.

Le même jour, 22 septembre, je me rendis à Troyes, dont le pavé est fort dur. J'y vis la cathédrale qui est fort belle : le riche trésor, les riches couvertures des textes sacrés, la couronne du comte Henry. Entre le chœur et le sanctuaire, du côté de l'Evangile, on voit le beau et haut mausolée de M. le maréchal de Choiseul-Praslin, maréchal de France, lieutenant général en Champagne, mort le 1er février 1626, âgé de 63 ans. On voit son éloge sur son tombeau. — L'église Saint-Etienne, qui était la chapelle des comtes de Champagne, dans laquelle on remarque encore leur longue tribune contiguë à leur palais, a un chapitre et collégiale distingués. M. Camusat, chanoine, voulut bien me faire voir les différentes pièces de leur trésor : une très belle croix en filigrane fin, ornée de riches pierreries et de figures antiques ; le bréviaire du comte Henry, en vélin, lettres d'or, couvert magnifiquement ; la crosse de saint Thomas de Cantorbery ; boëte d'or à mettre le Saint-Sacrement le jeudi saint, estimée par un juif 200 louis ; texte sacré et sa couverture ; le chapeau du comte Henry, de taffetas, orné partout de pierreries. Les tombeaux dans le chœur de cette collégiale, du comte Henry et de son épouse : ils sont d'argent avec pierreries autour et émail : beaucoup d'écrit tout autour, que nous n'avons eu ni le loisir, ni la commodité de lire.

Dans l'église Saint-Jacques, le Saint-Sacrement repose dans une niche à côté de la chapelle de la Vierge.

Dans l'abbaye de Saint-Loup, chanoines réguliers, il n'y a pas de bibliothèque. On y voit au milieu du rétable du maître-autel le riche reliquaire qui renferme le chef de saint Loup, évêque de Troyes [1]. Dans une chapelle au nord, on remarque une pierre qui en fait le rétable et qui n'étant qu'un seul bloc représente le baptême de saint Augustin, comprenant les figures de saint Ambroise, saint Augustin, sainte Monique et trois autres personnages en grand. La place de l'abbé à vêpres est distinguée par une coquille sculptée au-dessus de sa tête.

A l'abbaye de saint Martin, chanoines réguliers, qui ont

1. Mort en 479.

une petite communauté, il y a une petite bibliothèque. Dans la sacristie, belle argenterie et ornements. Les Pères Dominicains ont une belle bibliothèque lambrissée, longue, large, élevée : les livres en paraissent négligés et la salle mal propre. Les Cordeliers en ont une bien voûtée avec ornements à la voûte : elle n'est pas propre, il y a un grand nombre de livres sur le plancher. On me promit de m'y faire voir les *Dits de saint Bernard*, insérés dans leur catalogue. J'y retournay dans cette espérance, mais le père lecteu. me dit l'avoir recherché inutilement. Dans leur église, au Jubé, une figure de la Sainte-Vierge très bien sculptée.

L'Hôtel-Dieu a 30 lits d'hommes et autant de femmes, et pour supérieur un antoniste, établi par M. le Grand aumônier de France.

A la porte Saint-Jacques sont les pères Mathurins et de la Rédemption des captifs, fort petite maison. Hors les portes, bien loin, sont les pères Antonistes, petite maison. Le supérieur commandeur me fit voir leur pauvre bibliothèque et me mit en mains les sermons imprimés de leur père saint Antoine, en me disant qu'ils faisaient preuve contre feu M. Fléchier qui dans son panégyrique du saint a dit : O la bienheureuse ignorance de saint Antoine. Apparemment, ajouta-t-il, que cet évêque n'avait pas lu dans la vie que saint Athanase a fait de ce saint que : *legebantur epistolæ S. Antonii, sicut epistolæ divi Pauli.* A quoy je répondis que vraisemblablement M. l'évêque de Nîmes reconnaissait dans saint Antoine l'ignorance de l'esprit et des maximes corrompues du siècle dans le sens que le pape saint Grégoire dit de notre père saint Benoit que *erat scienter nescius et sapienter indoctus.* Comme je parus surpris que je ne remarquasse pas de livres rares, il me répondit que l'usage parmi eux de leurs petites communautés était que celles où il se trouvait des livres rares et importants, les envoyaient à la maison chef d'ordre. Il serait à souhaiter que dans l'ordre de Cîteaux cet usage fut sur pied, où il y a nombre de petites communautés qui laissent pourrir de beaux manuscrits et livres imprimés, ou en donnent les feuilles à leurs cuisiniers pour mettre sur la pâte, ou en tirent les feuilles de parchemin pour mettre leur tabac, ou les vendent aux épiciers et beurriers.

Les Pères de l'Oratoire ont à Troyes une maison de repos : et une autre maison qui est le collège de la ville, où l'on dit que l'on fait de bons écoliers. Il y a des Pères missionnaires qui ont la direction des jeunes séminaristes.

De Troyes je passay à l'abbaye de La Rivour [1], maison bien rétablie et décorée partout, entr'autres dans l'église, par les soins des prieurs et procureurs depuis environ 20 ans, particulièrement par celui d'aujourd'hui, dom Fournival, qui empêcherait, s'il le pouvait apparemment, la fréquentation des femmes de la basse-cour dans les basses-cuisines. Je dinay à l'abbaye de Montiéramey [2], où je trouvai le prieur, dom Forestier malade à l'infirmerie, le sous-prieur et sept autres religieux occupés pour les vendanges. Ils se trouvèrent tous à 4 heures dans la salle à manger : le prieur y tenait la première place, le sous-prieur à sa droite, celui qui écrit cecy à sa gauche, ce qui n'est pas conforme à la règle *de hospitibus suscipiendis*. Le père prieur me fit voir l'église qui me parut fort belle et singulière pour la partie fort renfoncée qui est derrière le maître-autel et se découvre dès le chœur et la nef. Au-dessus du maître-autel est une châsse peu riche renfermant le corps de saint Victor. Ils ont séparément un reliquaire qui renferme son chef dans l'infirmerie. Sur les sièges du chœur on voit gravé sur le bois en plusieurs endroits : *virtuti fortuna caves.* La sacristie est très meublée d'argenteries, linges tenus très proprement : il y a une belle et riche croix et de beaux tableaux. Ils ont une bibliothèque. Le père prieur m'assura qu'ils n'avaient rien des ouvrages de Nicolas, religieux et secrétaire de saint Bernard et retiré enfin à Montiéramey. Dans l'abbaye de Mores [3], il y a quelques manuscrits en velin et imprimés assez bons. Je lui conseillay d'en user pour Clairvaux comme je viens de marquer qu'ils usent les Antonistes : il ne m'en a pas paru éloigné. Il paraît homme de bien, zélé pour rétablir cette maison où il y a trois religieux. Les femmes de ménage entrent aussi dans l'intérieur.

A la maison des Pères Mathurins, dite la Gloire-Dieu [4] à deux lieues de Mores, je ne trouvai qu'un religieux. C'est peu de chose partout. Dans la chambre du ministre, il y a un petit tableau, *Vera effigies S. Anastasii*, dont le religieux me dit qu'on avait offert 500 livres. On y voit aussi le portrait dudit ministre.

1. Larivour.
2. Abbaye bénédictine, fondée vers 837 par Aladron, comte de Troyes, canton de Lusigny (Aube).
3. Mores, abbaye cistercienne, dépendait du diocèse de Langres (Aube).
4. Aube.

Je m'arrêtay à la ville de Mussy-l'Evêque[1]. Je visitay l'église dont la voûte menace ruine et est à la charge des habitants. Le sanctuaire est réparé à nouveau dans sa voûte par l'évêque de Langres qui en est seigneur et y a un fort beau château. Un chanoine me conduisit derrière le maître-autel entouré de rideaux où je vis une lampe clairante pour le Saint-Sacrement qui est dans une niche, près de laquelle il y a deux figures fort hautes et larges et d'autres moindres sur une seule pierre, qui sont fondateurs-fondatrices de ladite église[2], qui a un trésor dont il n'avait pas la clef. De treize chanoines ils ne sont que quatre à la nomination dudit évêque. Il y a un Hôtel-Dieu sans salles ni lits.

De Mussy où il y a un couvent d'Ursulines, je fus à l'abbaye bénédictine de Pothières[3] avec laquelle notre maison de Pothières a eu de si longs procès. L'église est toute neuve. Ils ont placé leur chœur dans le sanctuaire tout près du maître-autel : il est petit et étroit et c'est sans doute pour cela qu'entre chaque siège il n'y a ni appui, ni porte close. La sacristie boisée proprement, bien fournie de linge et argenterie, reliquaires avec reliques : il y en a une *de cuculla S. Bernardi*. Le tout tenu avec beaucoup d'ordre. Au-dessus de la table où s'habille le prêtre, est un bon portrait de saint Bernard. La bibliothèque est bien rangée et a de l'agrément par la belle situation de l'abbaye : il y a un volume de sermons en français de saint Bernard et le *Genus illustre S. Bernardi* du Père Chifflet. L'abbaye a la seigneurie du bourg. Il y a un soleil de figures anciennes, en émail, soutenu par deux anges. Il y a cinq religieux. Dans une salle il y a un bon portrait de saint François de Sales. Dans le réfectoire, il y a au dos de la place du supérieur deux tablettes, sur l'une, les armoiries de la maison et au-dessus on lit : *Illustrissimus Gerardus de Rosillon totius Burgundiæ multarum que aliarum provinciarum princeps*[4], *cujus stemma hic depingitur, hujus sacri monasterii Pultheriensis fundator viam universæ carnis ingressus est anno octogesimo.*

---

1. Chef-lieu de canton de l'arrondissement de Bar-sur-Seine (Aube). L'église est classée.

2. Ce doit être le tombeau sur lequel sont représentés Gilles Vignier et sa femme (xive siècle). L'église date en grande partie du xiiie siècle.

3. Pothières ou Pouithières, abbaye bénédictine du diocèse de Langres, fondée en 1160 par Gérard, comte de Roussillon. — Côte-d'Or, canton de Châtillon. Il n'en subsiste que le pavillon du prieur.

4. Gérard II, fut le dernier comte de Roussillon : il légua ses états à Alfonse, roi d'Aragon, et mourut en 1172.

Sur l'autre tablette : *Sacri monasterii Pultheriensis ad roma-
nam curiam immediate pertinentis insignia.* Ce sont deux clefs
croisées avec une épée qui élève la pointe en haut au milieu.
Je remarquay au bas d'une estampe de saint Jérôme : *multos
sacros libros sua manu descripsit.* Il y a un ancien manuscrit
de la vie de saint Paulin, évêque de Nole.

J'allay coucher à Châtillon [1] où je fus obligé de loger à l'ensei-
gne de Saint-Maurice, où je vis un ancien portrait portant au
bas : *Cytoien romain Guillaume Philandor, chanoine de Rodez,*
il était né à Châtillon et fort estimé du cardinal d'Armagnac [2].
Il y avait beaucoup de prisonniers. Le lendemain je visitais à la
chartreuse de Lugny [3]. L'église a été embellie tout à neuf, le
rétable, les niches, grand chandelier à deux branches au bas
de l'autel qui ont au bas pour armoiries le saint nom de Jésus :
quatre autres chandeliers de croix fort beaux, à feuilles d'argent, pour le prix de 200 livres chaque. Il y a huit religieux :
dom Alexis, ancien, qui a un valet pour le servir, le père
prieur dom François Bonhomme, de Beaune, dom Ambroise,
bon ouvrier en cire et dorure, tous raisonnables et de bonne
conversation.

Je lus *in calendario benefactorum domus Luvigniaci, anno*
1598 : « Inscriptio tumuli fundatoris nostri : Hic jacet reverendus in christo pater dominus Galterus olim Lingonensis
præsul [4] et hujus domus fundator, qui diem suum feliciter
clausit extraneum anno domini 1178. » Ils ont des reliques de
la cucule de S. Bernard, de Ste Malachie et de S. Pierre de
Tarentaise.

Le 20 octobre, samedy, je me rendis de Lugny à l'abbaye
d'Auberive. L'église et la sacristie sont mal bâties, mal faites.
L'église lambrissée, induement ornée dans toutes ses parties.
M. l'abbé a son entrée au midy près d'une chapelle, ce qui
donne lieu à dissipation dans le chœur et à l'entrée par là dans
l'église de tous, son domestique, gouvernante, servantes, va-

1. Châtillon, chef-lieu d'arrondissement de la Côte-d'Or.

2. Evidemment Georges d'Armagnac, archevêque de Toulouse, puis
d'Avignon, cardinal (1501-1585).

3. Lugny, canton de Recey (Côte-d'Or). Le château a été restauré en
1770, appartint à la maison de Damas et passa au xve siècle dans celle de
Lévis.

4. Gautier de Bourgogne, évêque de 1163 à 1179.

5. Abbaye cistercienne, fondée en 1135 par Guillenc, évêque de Langres ; canton d'Auberive.

lets, etc., contre la régularité et le bon ordre. Le sanctuaire qui est plus bas que le reste de l'église est voûté : le Saint-Sacrement repose dans le coin de la muraille du levant, du côté de l'Epitre, dans une châsse de pierre ouvragée, fermée d'un grillage de fer, un rideau dessus : point de lampe clairante. Les femmes ont un passage de l'église sortant du logis de M. l'abbé pour aller dans les cloîtres et les religieux de leur cloître audit logis par devant le Saint-Sacrement, ce qui est d'une pratique continuelle et fort scandaleuse. Il y a deux côtés de cloître neufs, bien voûtés et pavés : on travaille à faire les deux autres semblables et des appartements par dessus au couchant. Le dortoir est ancien, propre et commode : il y a trois ou quatre chambres à feu. La seconde contigue à l'église, sert de bibliothèque : il y a quelques livres mal proprement tenus, mais l'armoire qui y est renfermant les tiltres de l'abbaye est à bonne serrure et les titres sont bien en ordre avec des répertoires bien reliés et bien écrits. Il y a aussi quelques cahiers de l'histoire chronologique des abbés soit réguliers, soit commanditaires, d'où j'ai tiré ce qui suit :

L'an 1263, la collégiale de Châteauvilain[1] fondée par Jean, sire dudit lieu, l'un des 300 nobles chevaliers qui eurent les yeux crevés à la conquête de la Terre Sainte l'an 1261.

En 1443, sous l'abbé Simon, les salus d'or avaient cours, valant 2 l. 15 s. Ledit abbé fut pris par le bastard de Bourbon. Auberive perdit le contre scel de son église. Jean de Vergy[2] chassa les Anglais de Nogent, Montigny et Coiffy.

L'an 1434, les gens de M. de Varambon, en garnison à Chaumont, prirent près de Marac[3] trois religieux d'Auberive, menés en prison à Chaumont et rachetés pour 8 hémines blé-avoine.

L'an 1452, la livre d'estain ne valait que 6 blancs, 4 deniers.

L'an 1468, Guy Bernard, 85e évêque de Langres, acheta le domaine de Mussy[4].

L'an 1476, il établit des chanoines dans l'église Saint-Jean de Chaumont.

1. Chef-lieu de canton de la Haute-Marne, donna son nom à une ancienne famille éteinte par le mariage de la dernière héritière dans la maison de Thil-en-Auxois.
2. Jean de Vergy, sénéchal de Bourgogne, en 1352, mort en 1418.
3. Canton de Langres (Haute-Marne).
4. Mussy-l'Evêque, où les prélats langrois eurent dès lors leur résidence d'agrément.

L'an 1639, le nonce extraordinaire du pape, Scoti, passant à
l'abbaye de Clairvaux, y célébra pontificalement le grande
messe le jour de saint Bernard. Il permit l'entrée des femmes
dans l'église : mais ayant trouvé les portes ouvertes, elles en-
trèrent dans toute l'abbaye.

Dans un autre livre, nous avons extrait ceci : *Benedictio
unguenti ad Tineam.* — « Benedic, Domine, hoc unguentum
sicut benedixisti unguentum quod tibi obtulit Maria Magda-
lena in domo Symonis leprosi quando pedes tuos lacrymis lavit
et capillis suis tersit, et unguento alabastro unxit, et peccata
sua, quia dilexit multum sibi dimisisti. Ita tuam immensam
deprecor clementiam, Domine, ut sacrifices et benedicas hoc
unguentum ad sanandam Tineam ; et per tuam magnam vir-
tutem fugiat atque discedat omne malum et omnis infirmitas
per intercessionem beatorum Cosmæ et Damiani, amen. Pater
noster IIII ; Ave Maria III, in nomine patris et filii et spiritus
sancti amen. »

Il y a au dehors du clos régulier d'Auberive une chapelle
contiguë fort propre, paroisse sur le vocable de Sainte-Anne.
Le jardin est grand, fort beau, bien entretenu. Dans la sacristie des ornements neufs assez propres. Au dortoir où loge le
Prieur, il a pratiqué depuis peu dans une chambre au couchant qui a une petite fenêtre sur le sanctuaire de l'église un
oratoire pour réciter les vigiles la nuit en hiver. Il y a des croix
anciennes fort belles, travaillées en filigranne fin, depuis peu
raccomodées fort adroitement. Il y en a une en or. M. l'évêque
de Meaux, abbé commandataire et les religieux ne sont pas
amis : le temporel n'en vaut mieux. Le portail de l'église est
lambrissé : il y a sur la droite plusieurs tombes élevées que
l'on dit couvrir les corps de plusieurs archidiacres de Langres :
une grille de fer ferme la nef entre le chœur d'abbé et de
prieur, quoique la nef soit assez large.

En passant au village de Rouvres [1], je vis l'église qui est en
bon état : chapelle au midi de M. de Rouvres : au-dessus du
tableau de l'autel sont les armoiries de MM. Bruslart (Madame
la mère était une Bruslart [2]), et ailleurs celles de M. de Tiffart,
comte de Rouvres. Cette maison a son charnier dans cette
chapelle, sur la muraille du côté de l'Evangile est un drap de

1. Canton d'Auberive (Haute-Marne).
2. Madeleine Brulart, fille de Noël, baron de Sombernon, comte de Rouvres, conseiller au grand conseil, et de Jeanne Gruyn, marié le 8 mai 1693,
à Louis de Tissart, seigneur de Biche, Toucheronde, etc.

velours noir sur lequel est un cœur d'argent qui renferme le cœur du susdit comte mort à Provins en se rendant à Paris. Le château est beau, couvert de laves, les fossés, les jardins sont grands. Dans l'église d'Aubepierre [1] beaucoup d'instructions écrites sur les murailles, les commandements de Dieu et de l'Eglise sur la grande porte en dedans.

L'abbaye de Longuay [2], autrefois des chanoines réguliers de Saint-Augustin, est au-dessus d'Auberive, de Rouvre et d'Aubepierre, en plaines, bon air, bonnes eaux, bien dégagée des bois. Elle a une fort belle église, réparée à neuf, beau chœur et sanctuaire. Les deux chapelles appliquées derrière les places d'abbé et de prieur, ont en l'un, au nord, une grande figure sur les gradins d'autel inscrite : *Sanctus sanctorum*, sur bois en carnation, fort bien sculptée : Et en l'autre, au midy, une figure de pareille hauteur qui est inscrite : *Mater dolorosa*, qui vient du même ouvrier Bouchardon, fameux sculpteur de Chaumont, très bien faite. Le balustre de pierre qui est à hauteur d'appui et distingue la nef du haut de l'église, est surmonté d'une bande de fer à pointes dorées. M. l'abbé qui a derrière l'église son hôtel, grand, beau et commode et y réside, a son passage pour l'église par l'ancienne sacristie sous le dortoir. Il devrait s'en servir seul, mais tous ses gens, hommes ou femmes n'en prennent pas d'autres, ce qui est scandale. On dit qu'il tire bien 9,000 livres de son abbaye. La sacristie est bien meublée en beaux ornements, linges, reliquaires et reliques : deux croix moyennes renferment du bois de la vraie croix. En argenterie, belle croix ayant pierreries : un petit reliquaire en façon de jonc, vermeil, où on disait qu'il y a un peu du roseau de Notre-Seigneur ; un buste de bois doré où il y a un chef et l'étiquette : *caput S. Agnetis virginis et martyris*, un grand morceau de la tunique de saint Bernard, dont le prieur et la communauté donneront un morceau avec attestation signée d'eux tous. Aux crédences qui sont de chaque côté du maître-autel, il y a deux portraits de saint Benoit et de saint Bernard, que l'on dit de bonnes pièces. Ce saint Bernard m'a bien plu : il a le chaperon cousu à la cuculle. Le maître-autel est le premier élevé en l'honneur de notre père saint Bernard, consacré par saint Pierre, archevêque de Tarentaise [3],

1. Canton d'Arc (Haute-Marne).

2. Abbaye cistercienne, diocèse de Langres ; commune de Daucevoir, canton d'Arc. Subsistent la grange dimière et une chapelle avec de bonnes peintures.

3. Saint Pierre, archevêque de 1141 à 1174.

mort à l'abbaye de Belleval, diocèse de Besançou. Plusieurs os de
saints dans une bourse à la sacristie sans noms. Il y en a aussi
dans la chambre du Prieur dans des bourses d'autel. Il y
a aussy une petite boite en argent pour porter dans leurs
fermes le Saint-Sacrement, dont une grande et belle bourse
brodée d'or. Il y a dans le dortoir quatre grandes armoires
pleines de livres et dans leurs archives aussi placées dans l'ancien chauffoir qui est auprès : ceux-ci sont à terre les uns sur
les autres qui se perdent : ceux des armoires sont pleins de
poussière. J'en ay remarqué cependant de rares, même des
manuscrits fort beaux sur velin, comme un martyrologe de
règle de saint Benoit, ayant à la fin les obits et mémoires et
confraternité : un autre in-folio : c'est d'abord la vie de saint
Bernard, par Guillaume, abbé de saint Thierry, un sermon au
jour anniversaire de sa déposition, un sermon de saint Hylaire,
évèque d'Arles, sur saint Honoré, accommodé à saint Bernard ;
la narration comment le roy Amaury de Jérusalem, a envoyé à
Clairvaux la vraie croix : *quomodo rex Jerusalem sanctam cru-
cem quam in prœliis gestabat, apparente et jubente sibi sancto
Bernardo Claram vallem emisit* : les lettres de Rome pour sa
canonisation ; le livre des miracles de saint Bernard ; la lettre
de l'abbé Fromond, de Clairvaux, au sujet de la messe que le
pape a composée et chantée de saint Bernard, qu'il conseille de-
voir ne pas être changée ; la vie de sainte Malachie entière, par
saint Bernard ; enfin *Passio Agnetis sanctissime virginis*, en
vers de cinq colonnes ; *versus Cenomanensis episcopi de hic
quæ agnntur in missa* en onze feuillets qui finissent ledit volume dont le prieur et les religieux ont fait présent à Clairvaux,
avec un missel de l'église de Toul imprimé en 15.. (*sic*). Ils
ont aussi un vieux petit missel de l'ordre de l'an 1516, imprimé : un missel de Langres, imprimé en 1520. Au pied de la
porte dudit chauffoir, il y a dans le dortoir une demie pierre de
tombe sur laquelle on lit : *Hic jacet Evrardus abbas hujus
loci* ; une crosse dans la partie supérieure seulement. Au dortoir il y a un tableau qui représente une personne qui se
regarde dans un miroir avec ces vers au bas :

> Qui bien se mire, bien se voit ;
> Qui bien se voit, bien se connoit ;
> Qui bien se connoit, peu se prise ;
> Qui peu se prise, très sage est.

Pas d'orgue. Le logis des hôtes est propre : il y a au moins
quatre bons lits dans trois chambres. Les jardins sont grands

et beaux avec des canaux. Ils ont augmenté leur enclos : leurs vins n'approchent pas de ceux qu'on boit à Auberive. L'abbaye a été incorporée dans la filiation de Clairvaux en 1136, le XII des calendes de juillet.

Abbaye de Mores. — La communauté et le prieur étant convenus que leurs livres manuscrits et imprimés étaient dans la situation où je les ay trouvés plutôt à leur déshonneur qu'à aucune utilité, m'ont donné pour Clairvaux les livres cy après : un manuscrit sur velin comprenant la vie de S. Bernard, ses miracles, le discours du jour de sa déposition, le don de la croix par Amaury, roi de Jérusalem, etc. ;

Un autre contenant les lettres de S. Bernard ;

Un autre de quatre homélies entières de S. Bernard ;

Un autre, dont manquent les premiers feuillets, de *claustro materiali ;*

Un beau manuscrit sur velin, les premiers feuillets manquent, contenant les sermons de S. Bernard ;

Un autre, les sermons de Gillebert sur le cantique des cantiques ;

Un autre, le martyrologe avec la règle de notre père S. Benoît ;

Un autre en mauvais état : *usus ordinis veteres ;*

Un autre, imprimé sur papier à Dijon en 1491, *per magtrum Petrum Merlinger alemannum* : les privilèges de l'ordre de Cîteaux ;

Un manuscrit sur velin : sermons de S. Léon, pape ;

Autre bien écrit : lettre pastorale du pape S. Grégoire ;

Autre : dialogue du même ;

Autre bien écrit, bien relié avec plusieurs fermoirs : sermons des différents pères de l'Eglise : les premiers feuillets manquent ;

Autre contenant des homélies ;

Autre, bien écrit, bien relié : homélies de Béde le vénérable ;

Autre bien relié : *liber etymologiarum ;*

Autre, bien écrit, bien relié : *Prologus Ysidori Hispalensis episcopi.* Plus quelques volumes imprimés aux XVIe et XVIIe siècles.

Le martyrologe de l'abbaye de Mores en velin manuscrit dans lequel il est marqué qu'il a été fait *anno domini* M.CCCC, *et octo fuit factum et completum.*

Dans le mois d'avril 1747, nous avons rendu au prieur de Mores ledit martyrologe comme livre local dont l'abbaye peut avoir besoin pour leurs obits. Et ils m'ont donné comme à eux inutiles un manuscrit sur parchemin in-f° : *Speculum Virginum* ; un autre, moyen in-f°, bien relié, Graduel, du temps de Saint Bernard.

Au Petit Quincy près de Tonnerre, ils ont une partie notable de la tête de saint Léon, pape, dans un beau reliquaire.

Les révérends pères minimes de Tonnerre conservent une petite bible latine sur velin en manuscrit, d'une écriture tout menue, où il y a plusieurs apostilles qu'ils disent être écrites de la main propre de S. Bernard, selon la tradition de leur couvent, laquelle sainte Bible vient, disent-ils, de notre maison de Clairvaux et leur a été donnée avec beaucoup d'autres livres par le supérieur de Tonnerre. J'ay tenu et feuilleté cette bible que j'aurais bien souhaité qui retournât à Clairvaux, d'où elle vient. Le père supérieur me fit voir et je lus avec eux dans un beau manuscrit sur velin le testament du roy Philippe II, roi de France, en 1180, avant son départ pour la Terre sainte.

Dans l'abbaye de Pontigny [1], on voit la châsse qui renferme le corps de S. Edme, archevêque de Cantorbéry, placée derrière et au-dessus du maître-autel, au-dessous de laquelle châsse il y a une petite chapelle. On montre dans la sacristie l'un des bras du même saint en chair et en os, noirâtre, mais flexible, la main couverte au-dessus et au-dessous de lames d'or donnée par notre roy S. Louis : le bras est de vermeil, orné de pierreries et anneaux : on montre sa mitre. De plus en reliques saintes *de brachio S. Irenei episcopi : de brachio S. Andreæ*. Il y a dans l'église un grand tableau représentant SS. Thomas, Edme, Guillaume, archevêque de Bourges, 1621. On montre aussi la chasuble et les autres ornements de S. Edme : il y a un office particulier. La chapelle de S Thomas, archevêque de Cantorbéry, est placée derrière le chœur de l'abbé, bien voûtée, ornée de peintures sur la muraille ; le saint est représenté à genoux sur un prie-Dieu en habits pontificaux, tête nue, mains jointes, sa grande croix sur le bras gauche, sa mitre sur la droite. Au pied de cet autel, est la tombe de dom Boucherat, trente-septième abbé de ce monastère, qui mourut le jour de saint Benoît 1643 : ses armoiries

1. Seconde fille de Cîteaux, en Champagne, chef-lieu de canton de l'arrondissement d'Auxerre.

sont au-dessous, la mitre à droite, la crosse à gauche, tour-
nées en dehors. Il y a dans cette maison académie d'études
de philosophie et noviciat. On y bâtit un fort beau logis pour
M. l'abbé et ses hôtes. La dévotion à saint Edme attire dans
l'église grand nombre de gens du dehors des deux sexes, ce qui
ne peut manquer de troubler les exercices et de déranger.

Dans l'abbaye de la Charité-les-Lézines[1], diocèse de Langres, à deux lieues de Tonnerre, réside l'abbé régulier dom
Nicolas de Roqueleyve, âgé de 80 ans, lequel a bien bâti cette
petite maison et l'a fournie copieusement de toutes choses dans
toutes ses parties. Il a un religieux avec lui. Il y a une chambre pleine de livres bons et curieux.

Dans l'abbaye de Vauluisant, le nouveau prieur me fit présent de la planche en cuivre sur laquelle est gravé le portrait
de notre cardinal Hiérome de la Souchères, quarante-troisième
abbé de Clairvaux, qui fut son prédécesseur prieur, qu'il
avait trouvée par hazard à Paris et qu'il acheta d'un graveur.

Dans l'abbaye du Paraclet, j'eus l'honneur de saluer et entre-
tenir Mme de la Rochefoucauld[2], tante de M. le cardinal de la
Rochefoucauld, archevêque de Bourges et abbé général de
Cluny[3], tante aussi de MM. de Maurepas[4] et d'Estissac. Cette
dame abbesse me dit que sa maison du Paraclet[5] est
supérieure de celle de la Madeleine du Trénel de Paris et de
trois autres : qu'elle dépend immédiatement du Saint-Siège ;
qu'elle ne reçoit point la visite de l'évêque de Troyes, diocésain, sinon lors de son avénement au diocèse, il visite le saint
Sacrement, mais ne passe pas outre, parcequ'on lui a signifié
acte de protestation. Cette bonne dame abbesse m'invita à
dîner avec ses pères confesseurs qu'elle choisit ordinairement
parmi les Pères dominicains : c'étaient le père Pimey et le père
de Saint-Romans, en Dauphiné, tous deux gens d'esprit. Ils
me conduisirent après dîner dans l'église où la dame sacristine

1. Abbaye cistercienne, au territoire de Lézines, canton d'Ai   s-Franc
(Yonne), ancien diocèse de Langres.

2. Isabelle, fille de Frédéric de la Rochefoucauld, comte de Roye et de
Roucy, et d'Isabelle de Durfort-Duras.

3. Frédéric Jérôme, archevêque de Bourges en 1729, abbé de Cluny en
1747, cardinal en 1747, ambassadeur, grand aumônier, mort le 25 avril 1757.

4 Une sœur de l'abbaye avait épousé Jérôme Phélypeaux, comte de
Pontchartrain, secrétaire d'état, d'où un fils, le comte de Maurepas, marié
en 1706, à sa cousine Jeanne Phélypeaux de la Vrillière.

5. Abbaye de bénédictines, commune de Quincey, canton de Romilly
(Aube), fondée en 1122.

eut l'obligeance d'ouvrir leur chœur d'où l'on voit, sur le côté gauche, trois figures égales de toute façon, debout, sur un piédestal taillé de la pierre à laquelle elles sont comme adossées. Le tout d'une seule pierre et les trois figures qui sont aussi égales en traits de visage. Pour mieux répondre à la pensée de l'ouvrier, celle du milieu porte une couronne impériale, la seconde, à sa droite, une couronne d'épines, et la troisième à sa gauche, une couronne d'olivier. Sur des banderolles qui traverse le corps on lit : *Pater meus es tu. — Filius meus es tu. — Ego utriusque spiraculum.* Sur le piédestal est une inscription en lettres d'or où l'on explique que Pierre Abailard fit faire de cette seule pierre les trois figures qui représentent la sainte Trinité, après avoir consacré cette église au Saint-Esprit qu'il nomma Paraclet par rapport aux consolations qu'il avait goûtées pendant la retraite qu'il fit en ce lieu : qu'il avait épousé Héloïse qui en fut la première abbesse et que l'amour qui avait uni leur esprit dans leur vie et qui se conserva dans leur absence par des lettres des plus tendres et des plus spirituelles, a suivi leurs corps dans le tombeau. Cet écrit fait croire naturellement que le tombeau est au pied desdites figures : à cela la dame sacristine répond qu'il est derrière le chœur des religieuses où était cy-devant le maître-autel, lequel a été transporté au couchant où il est aujourd'hui (1747), pour l'avoir enlevé à l'entrée des séculiers à l'église pour un endroit moins incommode aux religieuses et à la régularité. Au reste, ce tombeau, poursuit la sacristine, est une simple pierre sans inscription qui couvre les deux corps, placés à fleur de terre.

L'abbaye de Scellières, filiation de Pontigny, est à quatre lieues du Paraclet[1]. M. Nicolas Desguerrois avance dans son histoire ecclésiastique de Troyes, imprimée en 1636 à Troyes, qu'étant audit Scellières, il lui fut montré un ancien calendrier manuscrit où il lut la fondation des principaux monastères de Citeaux. Voici ses mots pour celui-ci : *Anno ab incarnatione Domini* 1167, *fondata est abbatia ista N. domina de Sigilleriis idibus Januarii.* Puis en 1235, cette église de Scellières fut dédiée à Dieu par Nicolas, évêque de Troyes, le jour des apôtres saints Simon et Jude. Cette abbaye est située sur un tertre entouré d'eau et de prairies. Ruinée en 1567 par les huguenots, petit-à-petit réparée à la rendre habitable par le

---

1. Abbaye cistercienne, fondée en 1167. Canton de Romilly (Aube).

supérieur qui occupe avec son valet une partie du chapitre : une autre partie sert de cave et le milieu est chapitre ; vis-à-vis la chaire à pieds est la tombe du premier abbé, nommé Laurent, où on lit ces quatre vers :

Primus in hoc tumulo Laurentius intitulatur
Abbas sub tumulo vermibus esca datur ;
O bone rex juste, nos suppliciter petimus te.
Da regnum cœli, qui vixit mente fideli.

Il y a cinq lits au quartier des hôtes : une salle en bas à manger tapissée, d'où on entre dans la cuisine : il y a deux allées de cloître, un grand jardin avec verger et réservoir : au jardin on voit la rivière où il y a un abreuvoir à chevaux.

La nef de l'église est en allée plantée d'arbres : le chœur comprend six sièges de chaque côté et trois avec dossier : le devant est une balustrade au bas de laquelle sont des bancs : il y a derrière chaque chœur (sic) une chapelle. On voit en haut du presbytère les armoiries de MM. de Bouthillier, évêques de Troyes [1] abbés de Scellières.

Le prieur me dit que M. de Reuffiat, abbé commendataire, gascon, tirait de l'abbaye 2200 liv.; il donne pour les charges claustrales 400 liv. Les religieux ont de revenu 1800 liv. Le prieur dit qu'ils ne sont chargés d'aucune dette et qu'ils payent sur le champ tout ce qu'ils achètent.

Le curé voisin de Romilly vient chaque année, dans le temps de Pasques, en procession à Scellières, chanter un *libera* sur la tombe d'un bienfaiteur qui est dans le cloître, ce que le prieur dit qu'il veut empêcher dans la suite. Il y a deux cloches dans l'église.

Feu dom Claude de Gissey, cy-devant prieur, a laissé à sa mort beaucoup d'argent qui est, dit-on, perdu pour Scellières, parce que M. l'abbé de Pontigny, qui est inconscient, s'est emparé de l'argent et de plusieurs bons effets.

Je cherchais à Scellières un antiphonaire que l'on m'avait assuré y être gardé, à la tête duquel est le traité du chant composé par notre père saint Bernard. Le prieur me promit de le faire rechercher, tout en croyant qu'il n'est pas dans la maison qui a été pillée.

Pour les saintes reliques, il y a sur le maître-autel quatre

1. Denis-François de Bouthillier de Chavigny (1678-1697), et son neveu, du même nom (1697-1716).

anciennes châsses, assure-t-on, de saint Martin, sainte Ursule et de ses compagnes. L'abbaye de Scellières est un pays de canards : on les amodie de 40 à 60 liv. On dit que le supérieur commissaire qui est jeune et qui va être bientôt prieur de Pontigny, fait de longues et fréquentes absences dont le service divin souffre à Scellières.

Je quittay Scellières le 9 septembre pour aller dîner chez les Bénédictins de Saint-Ayeul à Provins, où ils sont cinq, entre autres, dom Laurent Guesny, messin, lequel me dit avoir le beau reliquaire en buste, bien gravé de saint Ayeul qui renferme son chef : il est en vermeil. Ses ossements sont dans une châsse d'argent. Vers la fête de l'Exaltation de la Sainte-Croix, ils ont l'exercice de la justice dans la ville, pendant sept jours, au civil et au criminel. Les clefs des portes de la ville leur demeurent : ils jugent des mesures, balances et poids. C'est une petite maison, mais propre et riante.

Le couvent des Cordelières de Provins est supprimé depuis huit ans, par ordre de la cour, qui a défendu de recevoir des sujets et a dispersé les anciennes, à l'exception de la plus vieille qui n'a jamais voulu démarer et y est encore.

Au dessus et près de Provins est l'abbaye de Mont-Notre-Dame qui vient d'être réunie à notre abbaye de Villancourt, à Abbeville. On dit que la chapelle est belle et qu'il y a des effets dans cette abbaye de la valeur de 50,000 liv.

A l'abbaye de Jouy, j'ai vu beaucoup de changements depuis l'an dernier, par les visites qu'y a faites le supérieur majeur, M. l'abbé de Pontigny, tant par son autorité que sur les instances de Mgr l'archevêque de Sens, sinon que lui-même était sur les lieux par un ordre de la cour. Dans la bibliothèque, je notai un manuscrit sur vélin : saint Benoît, en deux volumes bien écrits, sur le cantique des cantiques ; un autre des sermons de Gillebert, moine, où il y a en outre : *declamationes divi Bernardi super hoc Evangelium : Ecce nos reliquimus omnia* : elle est précédée d'une note qui prouve qu'elle n'est pas l'ouvrage de saint Bernard, mais d'un de ses disciples, lequel l'a composé d'un traité du sermon de saint Bernard.

Le prieur de Belleau [1], filiation de Clairvaux, est à deux lieues de La Ferté-Gaucher. Je vis en passant cette petite maison basse, qui a cependant un étage, bien logeable, mais négligée au dedans, bien que l'autel soit nouveau, comme le chœur qui

1. Arrondissement de Coulommiers (Seine-et-Marne).

n'est qu'en bancs fermés par une balustrade à hauteur d'appui : le derrière de l'autel sert de sacristie : il y a des ornements en bon état : l'église est grande et large, mais la moitié est en grange et écurie : il y a un clocher. On vient en procession à l'Assomption. Cette année, la foule a forcé l'appartement du prieur, rompu les portes fermées à clef, brisé les vitres. Il y a un grand jardin, beaucoup d'arbres fruitiers, mais négligés. La rivière du Grand-Morin est voisine ; le prieur y a droit de pêche. Le prieur Dom Edme Denise, de Troyes, en tire 900 liv., mais pas plus. Il est confesseur de nos religieuses de Fervac-quet à Saint-Quentin où il réside depuis 20 ans.

Le fermier du prieuré me conduisit dans la petite ville de Rebais qui est à quatre lieues et où il y a des Bénédictins de la congrégation de Saint-Maur [1]. J'y fus entendre la sainte messe le lendemain, après laquelle je ne pus réussir à voir le prieur ni aucun des religieux, malgré mes coups de cloche redoublés à la porte du cloître que je trouvai ouvert, dont je profitai pour parcourir la maison qui me parut bien bâtie, beaux jardins. On me dit qu'il y avait 25 religieux, qui ont pour abbé l'abbé de Fleury [2], aujourd'hui évêque de Chartres, lequel tire de cette abbaye 17,000 liv. et les religieux 25,000.

L'année dernière, il y eut à Rebais un grand incendie : trente maisons brûlées. On y porta deux fois le très saint Sacrement, ce qui est contraire à l'intention des ordonnances de l'Église. L'hôtel-Dieu de Rebais est propre ; la chapelle sert de salle aux femmes, une autre pour les hommes, en tout 10 lits.

A Jouarre [3], j'entendis la messe chantée en musique par les dames religieuses bénédictines, dans leur chœur fermé, avec beaucoup de modestie et d'harmonie : abbesse, Madame de Montmorin de S. Hérem, sœur de Monseigneur notre évêque de Langres ; vingt-cinq religieuses. L'église est bien bâtie et ornée de sculptures : le sanctuaire et l'autel magnifiques. Près de ce monastère est l'église paroissiale dont le maître-autel est

1. Abbaye bénédictine, diocèse de Meaux, fondée vers 610 par saint Ouen, archevêque de Rouen. — Chef-lieu de canton de l'arrondissement de Cou-lommiers.

2. Pierre-Augustin de Rosset de Rocozel de Fleury, évêque de 1746 à 1781.

3. Diocèse de Meaux. Abbaye de bénédictines, fondée au VIIe siècle, par Adon, frère de saint Ouen.

entre quatre colonnes de cuivre qui se joignent au-dessus et au milieu dudit maître-autel d'où est suspendu le saint ciboire.

A une lieue avant d'arriver en la ville de Meaux, je payai un sol sur le pont de bois appelé pont Tripot. L'église de l'hôtel-Dieu est grande, bien propre : il n'y a point de lits. La bibliothèque des Pères Cordeliers est passable. L'église cathédrale est belle, haute, large, avec rond-point et les chapelles au-delà. Le portail est beau. Belle sacristie. On m'y fit voir deux belles châsses en forme d'églises de vermeil. Celle de saint Fiacre, qui renferme ses reliques, est au-dessus du maître-autel : on a placé le corps de M. de Bissy, évêque de Meaux [1], cardinal, sous le presbytère, dans un caveau qu'il fit faire. Il n'y a pas d'inscription. Pour feu Mgr le grand Bossuet [2], il est inhumé dans le sanctuaire, derrière la table du maître-autel. Voici son inscription :

Hic quiescit resurrectionem expectans
Jacobus Benignus Bossuet
Episcopus Meldunis
Comes consistorianus
Serenissimi delphini preceptor
Deinde serenissimæ ducissæ Bergundiæ
Eleemosynarius
Universitatis Parisiensis
Privilegiorum apostolicorum conservator
Et collegii regii Navarræ
Superior
Obiit anno domini M. D. CC. IV.
Die XII aprilis
Annos natus LXXVI menses VI, dies XVI
Virtutibus, verbo ac doctrina
Clarus : in episcopatu annos XXXIV
E quibus Meldis sedit XXII

Un bon ecclésiastique de Meaux vient de me dire que ledit feu M. Bossuet a été enterré au-dessous du trône épiscopal, dans le sanctuaire du côté de l'épitre, mais que le cardinal de Bissy, son successeur, lorsqu'il fit faire le caveau où son corps repose, par respect, il en fit transporter la tombe derrière le maître-autel.

De Meaux à la Ferté-Milon [3], il y a sept lieues, mauvais che-

1. Henri de Thiard, cardinal de Bissy, évêque de 1704 à 1737.
2. Évêque de Meaux de 1681 à 1704.
3. Chef-lieu de canton de l'arrondissement de Château-Thierry (Aisne)

min, montueux, rocheux. Nous y avons depuis Louis XIII un prieuré conventuel de saint Lazare. Le prieuré est établi en 1618 par le don que ledit pieux roi fit à l'ordre de Citeaux de deux maladreries pour en faire une maison de saint Bernard régulière et réformée : il y avait alors 12 religieux et le prieur. Il n'y a aujourd'hui qu'un prieur et un religieux : ils sont ainsi réduits depuis la suppression faite à eux de l'une des deux maladreries, laquelle leur rapportait 600 l. Ce prieuré est joly, bien basti en pierre de taille : l'église est grande, bien voûtée : dans le chœur, les stalles sont parsemées de fleurs de lys ; c'est un don que les chartreux de Bourg-Fontaine[1], leurs voisins d'une lieue, leur ont fait. Ils y ont plusieurs chapelles, 4 cloches. Le prieur dom Simon Chevalier et le religieux dom Ph. James font régulièrement l'office et se lèvent à deux heures après minuit, et nous ont de plus assuré qu'un des deux, dans l'absence de l'autre, se lève à la même heure. Leur sacristie est assez grande, éclairée, meublée, calices, burettes, plat d'argent : une lampe en façon d'argent, mais point de lumière devant le Saint-Sacrement. Bibliothèque assez nombreuse et bonne, mais les livres se gâtent par l'humidité. Elle leur vient de feu M. Bouvent, receveur du collège de Reims, frère du second prieur, dont ils ont le portrait dans leur salle de réception. Le petit cloître est propre. L'allée de lecture des complies est remarquable par le siège du supérieur, six autres de chaque côté faits en niches de pierre pratiqués dans la muraille. Vis-à-vis, dans le milieu, est le siège de lecture et la place du livre pratiquée de même : de côté et d'autre, des bancs de pierre, apparemment pour les novices. Le chapitre, et vis-à-vis un peu au-dessous, une tablette de bois suspendue par une chaîne de fer, sur laquelle est un marteau de fer pour appeler au travail. Le jardin est grand avec des allées couvertes, des canaux, du poisson. Cuisine, boulangerie. Les religieux ont droit d'élection, laquelle, après la mort de dom Claude Quinquet, prieur titulaire, docteur de Paris, proviseur du collège des Bernardins à Paris, qui y a fait du bien et y avait reçu trois religieux profès, fut contestée par M. de Citeaux, lequel perdit ses prétentions au grand Conseil qui maintint les religieux en leur droit d'élection. Cette maison est du diocèse de Soissons.

Bourg-Fontaine est une belle chartreuse : l'entrée est comme d'une forteresse, tours, créneaux, pont-levis, galerie

1. Chartreuse dans la forêt de Villers-Cotteret (Aisne).

autour des murailles : belle église, beau chœur neuf : sacristie haute et belle, richement meublée : beau couvroir (?) dans
lequel sont de belles chapelles à l'étage du haut de la sacristie :
il y a dix-huit religieux : grand enclos. Ils sont fondés par
Philippe de Valois en 1328, qui annuellement leur donna leur
chauffage, et n'ont pas de bois, quoiqu'ils soient au milieu du
bois.

Du prieuré de Saint-Lazare à l'abbaye de Longpont [1], il y a
trois lieues. C'est une ancienne, vaste et belle abbaye : la
lampe y claire devant le Saint Sacrement. L'église a dans
œuvre 325 pieds de long, en largeur, compris les collatéraux,
84 : entièrement voûtée : la voûte principale a 84 pieds de
hauteur : celle des collatéraux en a 40 : l'épaisseur du mur, au
rez-de-chaussée, est de 6 pieds : la croisée, d'un pignon à
l'autre, a 158 pieds, en largə 40. Le beau tombeau du bienheureux Jean de Montmirail : au-dessous, il est représenté en
habit guerrier : au-dessus en ancien habit de saint Bernard (en
pierre), le chaperon attaché à la coule, les mains croisées, les
manches abattues qui descendent au-dessous des genoux : la
couronne large de trois doigts médiocres. Au-dessus de la
figure, un beau coffre doré, lequel pend de la voûte dudit
mausolée par chaînes de fer. Ils ont la planche en cuivre de
son portrait et l'estampe dans l'église avec des prières. Son
chef entier, séparé de ses reliques enfermées dans ce mausolée,
est enchâssé richement, déposé dans le trésor qui est derrière
le maître-autel : on le voit à nud. Je l'ay vu, tenu et baisé.

Dans le trésor, ils conservent un petit coffre carré long qui
renferme comme il est écrit dessus : *Caput sancti Dionisii
areopagitæ : felici capite quod in isto vase locatur; doctrinam
vitæ cujus grex iste sequatur; areopagitæ longus pone nobilita-
tur.* Ils ont du bois de la vraie croix ; bras de notre père saint
Benoit ; du bras de saint Léon, pape. Le sacristain, en outre,
montre deux longs couteaux, enfermés dans un étui rond de
bois, qui ont deux pieds de long depuis la poignée couverte
aussi de bois : sur la longueur de ces couteaux, il y a des
caractères d'écriture que le R. P. Mabillon n'a pu, dit-on, lire,
et que M. Le Beuf [2], chanoine d'Auxerre, a copié par chaque

---

1. Abbaye cistercienne du diocèse de Soissons, fondée en 1131. — Canton
de Villers-Cotteret (Aisne).

2. Jean Lebeuf, membre de l'Académie des Inscriptions (1687-1760), auteur de nombreux travaux historiques, parmi lesquels les principaux sont
l'Histoire d'Auxerre et celle du diocèse de Paris.

lettre que l'on dit signifier chacune un mot. Ce sont, dit-on, les couteaux de l'écuyer tranchant du roi saint Louis qui assista à la dédicace de l'église de Longpont.

Dom J. seph Cottin, prieur dudit Longpont, accompagnant à Rome l'abbé de Rancé, y demanda la canonisation du bienheureux Jean de Montmirail [1]. Il n'y resta pas apparemment assez longtemps pour consommer cette affaire. On voit dans le cloître de la collation, vis-à-vis le siège du supérieur, la tombe dudit dom Cottin avec cette inscription : *D. O. M. R. P. Carolus Josephus Cottin, sacræ theologiæ baccalaureus, qui per septem et quadraginta annos æque profuit huic monasterio ac præfuit, forma gregis factus, ætatis 74 annum agens, professionis monasticæ 55, sacerdotii 50, suaviter obdormivit in dno die sacra Pentecostis 28 maii anni 1715. Requiescat in pace.* On remarque encore du côté de l'épître le tombeau d'un évêque en pénitent sur la muraille, couché et revêtu des habits pontificaux : au-dessus de la figure, écrit en gothique : *Hic jacet Josephus eps Suessionensis qui primo adduxit conventum hujus domus de Clarevalle, tempore beati Hernardi abbatis qui obiit anno dni 1152, 24ᵉ octobris. (Renovatum anno dni 1700.)*

Autre tableau au-dessous qui porte pour armoiries de Longpont, un pont à trois arches, deux fleurs de lys au-dessus dans un écusson, entre deux palmes surmontées de mitre et crosse en dehors : autour : *Ut palma florebit et tamquam lignum quod plantatum est secus decursus aquarum.* Au-dessous la table des abbés, 30 réguliers. Du côté de l'Evangile, beau mausolée d'Enguerrand II de Coucy, couché, à ses pieds un lion. Autre beau mausolée de l'époux de Marie de Montmirail, fille du bienheureux Jean, couché au niveau de la terre : au-dessus, une pierre de même longueur, sur laquelle est une longue croix avec crucifix.

Autour du mausolée du bienheureux Jean, on lit : *In Longo Ponte voluit se subdere sponte, obsequio Christi, lapidi qui subjacet isti cujus ibi cineres montis mirabilis... olim jure Dei gratia nomen ei, id est Joannes, gratia sit Christo, qui nos decoravit in isto, amen. Ave gratia plena.*

Au rond-point de l'église, derrière la crédence du sanctuaire, est un beau mausolée représentant la figure couchée de Grégoire de Plaisance, revêtu de la coule, y ayant le chaperon attaché, les mains et manches croisées jusqu'aux genoux.

1. Religieux cistercien, mort le 29 septembre 1217.

a1-dessus est écrit : Cy gist frère Grégoire, qui fut chevalier et vidame de Plaisance et laissa par miracle ses enfants, ses amis et ses biens pour Dieu servir humblement et persevera en ce lieu, moine, en l'âpreté de l'ordre xxv ans, en grant ferveur et grant religion et rendi à Dieu son esprit saintement et joyeusement. — Au-dessus, sur la muraille, il est représenté dans le même habit, joignant les mains sur un drap que tiennent deux anges qui semblent l'élever au ciel : on lit : Obeyssant à J. C. il a tout quitté pour le suivre, et libre de corps et d'esprit, loin d'icy, il vient icy vivre : aimant son Dieu jusqu'au bout, il délaissa tout pour le tout.

— Cy gist monseigneur Enjouran sire de Coucy, la Fère, Montmirel, Tresmes, Condé en Brie et vicomte de Meaux, qui trespassa lan de grâce 1311, le 20ᵉ jour de mars. Priez Dieu pour son âme [1]. —

Le rétable du maître-autel est beau, carré, haut, droit : l'autel est long de 12 pieds : derrière, assez loin, il y a un autel : deux grands chandeliers au pied de l'autel ; une colonne de cuivre, terminée par une Sainte-Vierge tenant l'Enfant-Jésus, servant pour le pupitre de l'Evangile : sur le degré du presbytère, il y a deux chandeliers pareils : un autre au milieu portant le pupitre de l'Epitre.

Le chœur est composé de 23 sièges, non compris les six de chaque côté au dossier. L'entrée du chœur par le bas est de l'ouverture de l'arcade de la voûte : au delà, sont deux chapelles, fermées comme le reste, de la largeur de l'église, par une balustrade haute de fer : la distance du sanctuaire au chœur est aussi fermée par des balustrades de fer par côtés, où on voit les armoiries de feu le cardinal d'Estrée [2], abbé de Longpont.

Au bas du bienheureux Jean, il y a, sur une arcade, dans le sanctuaire, du côté de l'Evangile, un évêque peint sur la muraille, couché : on lit au-dessus : *Arnulphus eps. suessionensis* [3].

Au pied du maître-autel, plus bas que l'endroit où le célé-

---

1. Dernier de sa branche aînée ; n'ayant eu d'enfants ni de Marguerite de Gueldres ni de Jeanne de Flandre, ses biens passèrent à Enguerrand et à Jean de Guines, fils de sa sœur.

2. César d'Estrées (1628-1714), évêque de Laon en 1655, membre de l'Académie française, ambassadeur.

3. Saint Arnoul de Pamèle, mort le 15 décembre 1064.

braut dit l'*Introït*, est une grande tombe en pierre à fleur de
terre, couverte de cuivre : on y lit : *Anno dni M. CC. nonage-*
simo octob. VIII Kal. obiit vir prudens, pius et liberalis Milo
de Bazoche quondam suess. eps. et fuit corpus ejus sepultum
in ecclesia suess. (ubi nunc jacet Gerardus[1] *hic nepos ejus) et*
anno M. CC. incarn. ejusdem nonagesimo VI. IIIe non. octo-
bris hic fuit corpus translatum, prout dum viveret ordinavit :
dextro brachio suess. remanente. Orate pro eo. Il est figuré en
habits pontificaux.

La sacristie est belle, voûtée, carrée, boisée : beaucoup de
belle argenterie. Ils ont entr'autres reliques, un bras de saint
André, apôtre ; du bois de la vraie croix ; des tables en beaux
filigrammes qui sont des autels portatifs : linge propre, beaux
ornements.

Il y a une paroisse ancienne, où le religieux curé fait les
fonctions curiales : puis la basse-cour qui est grande et
peuplée.

Cette abbaye est fort belle dans son église qui est une cathédrale magnifique. Le dortoir, les cloîtres, le logis des hôtes,
l'infirmerie, le vestibule d'entrée, les salles et dortoirs, le
réfectoire qui a des pilliers, au milieu une chaire de pierre.
Chaque chambre d'hôte n'a qu'un lit. Les cellules sont
grandes, commodes, avec alcôves, deux fenêtres, elles donnent
sur un grand jardin, deux étangs et une longue campagne.

Les cloîtres sont beaux par leurs proportions : au cloître des
complies, près de l'escalier qui monte à l'église : beau mausolée en marbre : il y a dessus une longue croix : au haut, on
lit : *Hic jacent Radulphus junior ejusque soror Elienor*[2]*,*
Viromandiæ ac Valesiæ comites, Radulphi senioris hujus
domus fundatoris liberi qui obierunt, Radulphus, quidem XV
Kal. julii M. C. L. XXVI : Elienor autem XI Kal. julii
M. CC. XIII., fratri juncta soror comiti, comitissa Radul-
pho, nobilis Elienor hic tumulata jacet qui cum claruerint altis
natalibus alti, vicerunt morum nobilitate genus, sed quid
honor, quid opes, quid gloria sanguinis alti ? ecce brevis pariter
claudit utrumque lapis in speculum: lector tibi sit pro temet-
ipso, sors tua te moveat pendere vota precum.

1. Gérard de Montcornet, son successeur.
2. Isabelle, sœur du dernier comte, Raoul, mourut en 1183 : son mari,
Philippe d'Alsace, ayant voulu gardé le Vermandois, Philippe-Auguste se le
fit céder par Éléonore, autre sœur de Raoul, qui en conserva la jouissance.

Dans le cloître qui conduit au chapitre, près dudit escalier de l'église, est un autre tombeau sur simple arcade dans la muraille : au-dessus on lit : D. O. M. hic jacet Petrus cantor parisiensis, doctor celeberrimus qui in epm, Tornacensem electus vocationem humiliter declinavit, et suis auditoribus scientiæ ac morum norma existens assumpto in hoc monasterio cisterciensi habitu vitam beato fine complevit XIIII° Kal junii anno dni M. C. LXXX° corpus que ejus emortuum, mirificum ac suavissimum odorem exhalavit. — Plus bas, on lit : Celui-cy méprisant la gloire temporelle vint mourir en ce lieu pour trouver l'éternelle. — Devant le chapitre : Liosmos et Jean son frère gentilhommes martyrs dans la guerre des Albigeois.

Il y avait, il y a environ vingt ans, dans le chapitre et les cloîtres, beaucoup d'autres belles tombes de personnages braves en vertus et en mérites, mais le prieur les a déplacées pour les faire servir aux nouveaux bâtiments des hôtes, qui a au dehors un air de Louvre, et par là s'est fait mocquer de luy et a beaucoup nui à Longpont.

Auprès du tombeau de saint Pierre le chantre, on lit dans un cartouche peint sur la muraille : fratres gaudete, perfecti estote, idem sentite, pacem habete, et deus pacis et dilectionis erit vobiscum.

A l'autre bout du même cloître des complies, on lit aussi en cartouche : Charissimi, si diligamus invicem, Deus in nobis manet et caritas ejus in nobis perfecta est : I. Joan. IIII°.

Sur l'entrée du parloir : si quis loquitur, quasi sermones Dei : I. Pet. L. II.

Longpont a 15,000 l. de revenus, chargés de 1,100 liv. de décimes.

La bibliothèque est belle et bonne, placée au levant, au-dessus des chambres des religieux, sous la voûte du dortoir. Ils ont des manuscrits anciens, parmi lesquels j'en ai trouvé un marqué appartenir et venir de Clairvaux. C'est un poullier de l'ordre de Citeaux, lequel concerne particulièrement la maison de Clairvaux : on a compris que la justice me l'adjugeait et je l'ai rapporté. Il est en velin.

Il y a un bon portrait de saint Bernard que j'ai tiré d'une chambre de domestique, faisant entendre qu'il fallait le placer en lieu de distinction.

Le prieur D. François Conrat, profès de Cheminon, est un grand régulier et grand homme de bien.

Leur maison fut incendiée en 1724, le 1er septembre : elle perdit par le feu le dortoir des convers, la salle des hôtes, la cuisine, la classe, un petit cloître. On y regarde comme miracle que l'église ait été sauvée.

La communauté de Longpont est composée du prieur et de 12 religieux : il n'y a pas de convers. Ils se lèvent à une heure après minuit. Je n'y ai point vu errer les religieux d'ici et là dans le monastère. Ils ont un travail des mains ensemble, le prieur, toujours à la tête, est le plus courageux. Ils ont trois beaux escaliers avec balustres de fer.

(Dom Guyton se rendit de là à Soissons, à l'abbaye de Braine, de là il arriva pour coucher le 1er septembre à l'abbaye d'Igny[1].)

Je souhaitais trouver la vie en manuscrit de notre huitième abbé de Clairvaux, qui était religieux profès d'Igny, composée par un profès de cette abbaye.

Le prieur n'a pas encore appliqué sur le lieu où est enterré dans le cloître, près de la porte de l'église, le B. Guerric, abbé de cette maison, l'épitaphe qui lui fut laissée en 1744, à ce dessein, dans la charte de visite[2]. Il promet de ne pas tarder à l'exécuter. Les religieux conservent dans leur église, au pied de l'escalier du dortoir, la pyramide de pierre en quarré qui sert de monument au meurtre et homicide sacrilège que commit en cet endroit un religieux d'Igny, en la personne de D. Gérard, abbé de Clairvaux, qui pour lors y faisait la visite régulière.

Ils ont l'ancien chapitre en entier et bien conditionné : on y descend du cloître cinq marches de pierre : il y a deux piliers de chaque côté. Trois fenê   au levant et une au midi : il sert de magasin de bois et aux menuisiers. Nous y découvrîmes de fort belles tombes, nullement endommagées, entières, sur l'une je lus : Clarus et urbanus abbas fuerat Julianus jam senior cessit : monachrus moriendo recessit pro titulis morum quia norma fuit monachorum : abbatum more Tumuli donatus honore. (Sans crosse ni aucune autre marque.)

---

1. Canton de Châtillon (Marne). Fondée en 1126, par Renaud, archevêque de Reims. Cette partie du récit a été publiée dans les Mémoires de la Société historique de Compiègne, 1887.

2. Né à Tournay, mort avant 1255. Sa tombe existe encore : l'abbaye reconstruite au xviiie siècle, subsiste entièrement et a été rétablie récemment en tant que monastère de Chartreux.

Autre : Hic tumulus testis quod cuncta caro moriatur, nam quod vos estis fuit hic qui subtumulatur, si vitæ meritis in vita præveniatur. — Dans la ligue du milieu de la tombe : Vestiat Ancherum sol. luna diesque dierum. Le reste illisible. Ils ont un portrait du R. D. Bouchu, 47ᵉ abbé de Clairvaux, successeur de saint Bernard.

Leurs manuscrits sont dans une cellule du dortoir fort négligés, la plupart gâtés par l'humidité et balayures. Voici ceux qui m'ont paru de remarque : sur velin. Le premier, écriture en vers : — Un traité de morale bien écrit, bien relié (n° 83). — Mémoires de saint Bernard, beau, entier, super Cantica canticorum (93) ; — Plures vitæ SS. Fulgentii, Gregorii, Lingonensis epi, Mauri, abbatis (109) ; — Vita S. Athanasii (110) ; — Claudianus respondens heretico (107) ; — Robertus Berliguniensis in apocalyp. Postea vitæ Stæ Paulæ, actus S. Franconii a B. Hieromino (102) ; — Gaufridus Magalensis epi, (173) ; — Bernardus de diligendo deo et de precepto et dispensatione ; — Decem libri historiæ Clementis papæ (118) ; —S. Bernardus, de laudibus virginis matris, de gradibus humilitatis, de libero arbitrio, de laude novæ militiæ, apologia ad B. Guillelmum (161) ; — n° 69, in fine : Vuillermi Signiacensis de tribus dicendi generibus. — Miracula Cæsaris ordinis cist. (in papyro, n° 69). — Miracula Cæsaris ordinis cister. (in papyro, satis egregie depicta (67) ; — Incipit ecclesiasticæ liber historiæ quem Hugo de S. Maria monachus S. Benedicti Floriacensis a diversis defloravit historiologis anno ab incarnatione dni M. C. X. gratia domine Adelæ, Carnotensium, Meldenusium atque Blesensium comitissæ; dans le même volume : iu nomine domini incipit liber episcopalis B. Hieronimi, presbiteri ad Damasum epm urbis Romæ et rescriptiones Damasi (123). — Libri Machabæorum, historia evangelica (135) ; Liber Paterii in vetus et novum Testamentum; liber S. Prosperi pro prædicatoribus contra librum Cossiani pbri, qui prænotatur de protectione dei (145); — Epistolæ seu registrum Gregorii papæ urbis Romæ, numero D. C. C. X. II. : beau, entier (146). — Historia Frauduardi de ecclesia Remensi (149); — Damaso Hieronimus et Hieronimo Damasus (41) : et nomina summorum pontificum a dno Petro ad Eugenium III (34) ; — Gregorius in Ezechielem : in fine voluminis : hæc sunt XV, signa dierum XV ante diem judicii quæ invenit Jeronimus in annualibus Hæbreorum : prima dies eriget se mare XL cubitos super cacumina montium et erit quasi murus, et omnes aquæ similiter ; secunda die descendent usque ad ima ut vix conspici possint ;

tertia die redibunt in æqualitatem sicut fuerunt ab exordio ; quarta die congregabuntur omnes pisces et omnes belluæ marinæ et debellabunt et dabunt voces et gemitus præ dolore, quarum voces nemo novit nisi deus : quinta die ardebunt simul aquæ ab ortu suo usque ad occasum et sic desistent esse; sexta die omnes herbæ et arbores sanguineum dabunt ruroren ; septima die, omnia ædificia destruentur ; octava die, omnes lapides dividunt se in tres partes et una quæque pars collidet contra alteram, donec in pulverem redigantur ; nona die æqualitas terræ ; decima die omnes homines velut amentes fugient et nemo poterit alium interrogare nec respondere quicquam : undecima die erit terræ motus qualis nec fuit ab initio sæculi, ut vix homo subsistere possit ; duodecima die germinabunt ossa usque ad ora sepulcri ; decima tertia die omnes morientur ut resurgant cum mortuis ; decima quarta die, sol, luna et stellæ cadent super terram ; decima quinta die, omnes homines ad judicium resurgent, ut recipiat unusquisque prout gessit, sive bonum, sive malum. Item brevis comprehensio præmissorum ; ascendens aqua subsidet, repetetque priora ; quidquid habet mare bella dabit, vocesque doloris, igne peribit aqua, dabit arbor et herba ruborem, ædificata ruent lapidum, collisio fiet ne subsistat homo, tellus æquata movetur, amentes fugient homines, sibi verba negabunt, ova sepulchrorum contingent ossa sepulta, deficient homines tenebrata luce resurgent.

Manuscrit 32. Vitæ S. Odonis clunic., Medardi, Reguli, Lamberti, Leonis, Clementis, Eligii ; Manuscrit 31. beau, entier, bien relié, bien écrit : Homeliæ S. Gregorii papæ XI : — historia romana data a Samsone, archiepiscopo Remense anno M. C. LXI. XI Kal. oct., qui et alia plurima manuscripta in pergameno de sancta scriptura dedit conventui de Igniaco ; — 21. Historia Josephi ; — 11. Translatio S. Benedicti et sororis ejus S. Scolasticæ, plurium paparum, S. Mathæi, apostoli, S. Dyonisii et sociorum ejus ; — 14. Vitæ patrum deserti : Vita S. Joannis elemosynarii ; — 76. Lucius papa dilectis filiis Petro, cisterc., Petro, Clarevallensi, pro vita edenda S. Petri, ejusdem ordinis, archiepiscopi Tarentasiensis ; — 3. Grand manuscrit en parchemin, Cronicon id est temporum breviarium ; — in libro de viris illustribus : Eusebius elegantis et rhetorie ingenii, inumerabilis et qui ad plausum populi pertinuerent, confecit libros, magisque historiam ab his qui declamare volunt studiossime legitur ; in quibus vel præcipui sunt adversum judæos et gentes novatianos, et ad Galatos libri decem ; et in evangelia homeliæ breves, sel plurimæ ; floruit tempore Constantii imperatoris sub quo est mortuus, Antiochæ sepultus ; sequitur homelia Eusebii... epi in solemnitate paschali de græco in latinum translata ; homelia prima : exulta cœlum et in lætitia esto terra, iste dies nobis amplius ex sepulcro radiavit quam de sole refulsit, etc.

Beau cartulaire du lieu d'Igny [1], où le bien de Voisine [2], qui appartient à Clairvaux depuis longtemps, est en entier : il a besoin d'être relié : c'est un manuscrit en parchemin, in-4°. Je n'ai rien trouvé en ce qui regarde la vie du bienheureux Pierre Monoculus, profès d'Igny et 8e abbé de Clairvaux.

De l'abbaye d'Igny à celle de Hautvillers [3], bénédictine de Saint-Vanne, il y a cinq lieues. Le prieur dom Romain, cydevant procureur général de sa congrégation et prieur de Montiérender, est gracieux, prévenant : il est à la tête de 24 religieux, 3 convers. Etude de théologie. L'église jolie, propre : châsse de sainte Hélène, au-dessus du maître-autel, longue en vermeil, qui fait une grande dévotion. Le père sacristain m'en a donné une brochure de sa vie, ses miracles et prières : belle sacristie, riches ornements et argenterie. Très belle bibliothèque en laquelle on entre par un grillage de fer, de la hauteur du corridor qui y conduit. Il y a un manuscrit sur velin, en lettres d'or, des quatre Evangiles : les quatre évangelistes y sont peints en figures grotesques. — Un autre manuscrit in-fº, beau, sur velin : ce sont les vies de saints ; on y voit : disputationes SS. Pauli et Petri. Grande longue table faite en pupitre. Beau dortoir, chambres spacieuses, commodes, réfectoire, etc. L'abbaye est bien située sur une hauteur qui donne une très belle vue, particulièrement d'une grande et large plate-forme sur les vignobles, la campagne et la rivière. Ils ont la régie de l'abbé commendataire, auquel ils font chaque année 24,000 l. C'est M. le chevalier d'Orléans, grand prieur de France, dont ils ont placé les armoiries à la voûte, au-dessus du maître-autel. Ils ont deux grands et beaux celliers, quatre pressoirs sur une même ligne, une cave dans le roc en dehors, fermée par une bonne porte en bois et ensuite par deux en fer.

1. C'est évidemment le beau cartulaire rédigé au xiiie siècle et actuellement conservé à la Bibliothèque nationale.

2. Canton de Langres (Haute-Marne).

3. Près d'Epernay, sur un coteau de vignobles dominant toute la vallée de la Marne. Fondée en 662. Il en reste des débris assez considérables. M. l'abbé Maréchal a publié son histoire en trois volumes, 1878.

L'année est abondante en vins qui ont de la qualité : les religieux comptent en vendre pour 24,000 l.

Le lendemain, j'arrivay en la ville de Reims, distante de quatre bonnes lieues. J'entendis une partie des vêpres à l'église métropolitaine. Le chœur et le sanctuaire neufs, sont fort profonds, fermés autour par de très beaux grillages de fer. Les sièges des chanoines sont à hauteur d'appui sans dossiers. Ils ont un petit orgue au milieu de leur chœur. Ils sont 64 chanoines à 1,500 l. chacun de revenu, logés ès maison du chapitre. La musique est belle. Le célébrant, pour la messe, en commence et fait la confession dans une petite chapelle pratiquée dans la sacristie : il a, proche de l'autel, au côté de l'Epître, un fauteuil tourné au peuple, sur lequel il s'assied ès temps permis : les ministres, sur le côté, à l'ordinaire des autres églises. Dans leur trésor, placé dans l'église, derriere l'Evangile, devant lequel il y a une petite balustrade, ils ont une fort grande croix qui renferme du bois de la vraie croix, laquelle vient d'un archevêque de Reims, de la maison de Guise [1]; le chef de saint Nicaise, martyrisé, au milieu de la nef de la métropole ; un texte des Evangiles en langue esclavonne, couvert d'un bel ouvrage en filigranne, sur lequel manuscrit le roi prête serment lors de son sacre. Cette église métropolitaine est un bâtiment en dedans, au debors et en son portail des mieux travaillés. Ils ont une bibliothèque, un cloître, des salles de droit. La sacristie est double, garnie d'argenterie et de fort riches ornements.

Les pères cordeliers ont un chœur spacieux, un autel de marbre en dôme sur six piliers de marbre, posés avec industrie, en sorte qu'on les voit chacun distinctement de tous côtés. Leur bibliothèque passable, négligée : ils y retirent des meubles et la tonsure de leurs brebis. La chambre du père gardien et du père provincial sont des plus propres.

L'abbaye de Saint-Remy [2] est une maison considérable. L'église ancienne, des mieux ornées par le chœur dont le parquet est tout de pierres rapportées qui forment différents personnages auteurs de livres sacrés du vieux et nouveau Testament avec leurs noms. Au-dessus de ce parquet, dans le milieu, est une couronne de cuivre qui a 5 pieds de diamètre, qui sert

---

1. De 1533 à 1568, le siège de Reims a été occupé par trois princes de la maison de Lorraine-Guise.

2. Abbaye bénédictine.

quelquefois de lustre. Plus haut, au pied de l'autel, est un grand candélabre sous lequel est enterrée l'épouse de Louis IV, laquelle en a fait présent à cette église : on ne sait de quelle matière il est composé. Feu Mgr le Régent en a fait couper un morceau pour l'éprouver et n'a pu connaître ce que c'est. Plus haut est l'autel et derrière est le tombeau fort élevé de saint Remy. Il est long, de marbre, orné dans sa longueur, tout autour, des figures de ducs et pairs et comtes et pairs ecclésiastiques et séculiers ; et de saint Remy assis, ayant le roi Clovis à ses pieds à genoux, joignant les mains, attentif aux leçons du saint prélat. Au dedans est la châsse de vermeil faite en 1632, qui renferme le corps de saint Remy : elle représente en vermeil tout ce que ledit tombeau montre en marbre et sculpture. On y voit la phiole de la Sainte-Ampoule, la crosse, basse, du saint. Très belle sacristie, où est un autel qui a pour tableau une descente de croix faite par un Italien, dont on a offert 1,000 l. Derrière est une chapelle qui a un chœur dont l'autel a été consacré par saint Thomas de Cantorbéry. Beau dortoir, cloîtres, chapitre et salles. Très belle bibliothèque où est un texte sacré des Evangiles : au bas du premier feuillet, on lit : *Hincmarus archiepiscopus Remensis*[1]. On montre les fables d'Esope en ancien manuscrit. Ils font relier tous leurs volumes à la moderne, pour 3 l. le volume, en veau.

L'abbaye de Saint-Nicaise[2] a une belle et délicieuse église qui n'est pas finie. Le maître-autel simple, avec rideaux sur colonne de cuivre ; bel escalier pour le dortoir. Belle et longue bibliothèque. Celui des religieux qui en a soin m'a dit que dans leur abbaye de Saint-Remy (*sic*) on conserve un cartulaire des titres et des biens de notre maison de Clairvaux, par précaution de nos Pères, en cas d'incendie de Clairvaux, où il a remarqué des titres fort courts. A l'occasion de quoy il m'a dit que dans leur abbaye de Saint-Ricquier[3], en Picardie, on conserve un titre du roi saint Louis qui comprend deux lignes. En voicy le sujet à son rapport. Les religieux de Saint-Ricquier perçoivent, de temps immémorial, sur leurs vassaux, un droit

---

1. Archevêque de 845 à 882.
2. Abbaye bénédictine. Elle a été entièrement démolie avec l'église, pendant la Révolution. L'Académie de Reims va publier l'histoire de ce monastère et son cartulaire.
3. Au diocèse d'Amiens, fondée au vii° siècle par saint Ricquier.

de mutation, même de père en fils. Ce droit devenoit onéreux aux vassaux qui vouloient en secouer le joug, pourquoy ils firent leurs remontrances et leurs plaintes, auxquelles ledit roy répondit par écrit : Les vassaux de Saint-Ricquier se plaignent que le droit tiré sur eux est injuste, mais le croyons juste. Signé : Louis.

Les descendants de ces vassaux, voulurent remuer de nos jours cette affaire et se faire décharger. Le conseiller alors rapporteur, muni dudit titre, dit en la chambre de MM. les Juges, adressant la parole à M. le Premier Président du Parlement de Paris : Voicy un titre respectable de saint Louis, vous en entendez la teneure et je vous invite de le baiser, M. le Premier le reçut, le baisa avec vénération et tous ces Messieurs de même, et le jugement de saint Louis fut celui de toute la Chambre.

Les Pères bénédictins de Saint-Pierre de Chaalons[1] ont commencé pour leur dortoir un grand et beau bâtiment dont eux-mêmes trouvent l'entreprise trop hardie et trop dispendieuse ; il est sursis depuis bien des années, mais ce qui est fait leur donne un bel escalier, beau dortoir, et une belle bibliothèque sur une allée du cloître qui n'a présentement que cette seule allée. Cette bibliothèque est en plus grande partie composée des livres que feu l'abbé Le Roy, commendataire de notre abbaye de Hautefontaine, leur a vendu pour 15,000 l., dit-on.

A Vitry-le-François, distant de sept lieues, il y a une belle grande place qui met en vue la belle église paroissiale, laquelle a un fort beau portail[2] : elle est bien bâtie partout, mais elle n'est pas finie. Les Pères de la doctrine chrétienne tiennent des pensionnaires et enseignent la jeunesse. Les Pères Minimes[3] ont une assez bonne bibliothèque, au derrière de la porte de laquelle je lus la défense que leur a faite le Père Provincial de porter au dehors quelque livre que ce soit, sous peine d'excommunication majeure *ipso facto*.

Chez les frères de la Charité, il y a pour les malades 17 lits, apothicairerie. Cet hôpital fut fondé en 1691, année de la mort

1. Saint-Pierre-au-Mont, abbaye bénédictine, fondée en 1028 par l'évêque Roger. Ses bâtiments, datant du XVIIIe siècle, servent de caserne d'artillerie.
2. Cette église, dans le pur style rococo, commencée en 1625, le portail et les tours furent achevés en 1670.
3. Couvent fondé en 1620.

du fondateur. Ces frères passent dans Vitry pour traiter mal
les malades. On dit qu'au grand hôpital qui paraît beau, les
malades y sont bien.

Il y a cinq lieues de belle chaussée au village de Perthe, duquel à l'abbaye de Haute-Fontaine[1], il y a demi-lieue. Faut
passer la rivière de Marne au bas de la maison.

Le 8 octobre, c'était la dédicace de l'église de Haute-Fontaine. On lit sur la pierre au-dessus de l'entrée du grand portail qui a une porte divisée en deux, au-dessus de laquelle est
une Sainte-Vierge : *Joannes Marilucius patria aquitanus*[2], *e
multis legationibus, quibus Francisci et Henrici Galliarum
regum jussu, ad omnes totius fere orbis principes perfunctus, erat
rediens dum hanc sacram ædem, cui paucis ante annis præfec-
tus fuerat a Cæsarianis militibus exustam offendisset, in am-
pliorem et augustiorem formam restitui curavit.* Plus bas, un
peu au-dessous, est gravé : *Cum feceritis quoscumque vos decet
facere, dicite : servi inutiles sumus*, 1552.

La nef, qui est petite, est lambrissée. Au-dessus de la porte,
en dedans, est un grand tableau sur toile représentant saint
Bernard à genoux devant un crucifix, les mains élevées ; au
bas, devant lui, un livre où est écrit : *hæc sublimior mea phi-
losophia scire Jesum et hunc crucifixum (in cant. cant. serm.
43). Etiam cruci affixi veritas Bernardum.* Derrière le saint,
une table sur laquelle est un cornet d'ancre et plume : *Volup-
tates animæ salutem silentis.* Deux chapelles fermées par une
balustrade de bois. A gauche, un tableau de l'Annonciation ; à
droite, du martyr de saint Blaise. Derrière ces chapelles, il y a
deux écriteaux marquant leur consécration l'an 1679, le 15 septembre, portant 40 jours d'indulgence. Le chœur est petit. Près
des sièges supérieurs de l'abbé et du prieur sont deux petits
cabinets où l'on dit que feu M. l'abbé Le Roy mettait ses amis
qu'il retirait dans son abbaye[3], pour entendre la messe. A la
muraille de l'église, au nord, entre la chapelle et la porte du
cimetière, par où l'abbé va à son logis, est un marbre où on
lit : *D. O. M. Hic jacet* (la tombe est à fleur de terre sans

1. Abbaye cistercienne, fondée vers 1136, par le comte Thibaut de Champagne.

2. Jean de Montluc, évêque de Valence en 1559, ambassadeur en Angleterre, en Suisse, en Italie, en Allemagne, en Pologne. Nommé abbé de
Haute-Fontaine en 1547.

3. Abbé de 1667 à 1664, très mêlé aux affaires du Jansénisme. Il fit d'importants travaux à l'abbaye, dont le cloître subsiste.

inscription) *Guillelmus Le Roy olim insignis ecclesiæ Parisiensis canonicus et sacerdos, tunc hujus monasterii de Alto fonte abbas per XXX circiter annos abbas, incola et cultor exemplo continuis precibus, laboribus sanis, estesissima in pauperes liberalitate omnibus notus, omnibus carus, hunc habuere asylum sacerdotes, beneficium ascetæ, sacræ virgines patrem, oppressi defensorem, afflicti consolatorem, sancti Patres interpretem, evangelica doctrina fideique veritas vindicem, nec non intrepidum amatorem. Obiit anno ætatis suæ 74, a Christo nato 1684.*

Il a donné à l'abbaye la somme de 1,200 l. et peut-être plus, des pièces de bois, lu travail.

Il y a plusieurs tombeaux élevés avec figures de femmes et d'hommes, écriture gothique autour presque effacée. Des marbres attachés à la muraille avec épitaphes gravées. La sacristie est belle, propre, boisée de haut en bas. Il y a de beaux calices, un entr'autre donné par ledit abbé Le Roy, lequel porte au pied en dedans sa devise : *Videte, vigilate et orate.* Le soleil de vermeil a entre la remontrance et la tige dans la vis au-dessous : « Gaston de France, frère unique du roy ». Il y a six cloches appelées violons de l'ordre pour leur bon accord et harmonie.

M. l'abbé Le Roy a aussi donné de beaux ornements. M. Lagneau, curé des Incurables à Paris, a donné aussi à l'abbaye [1], dont il était abbé, un ornement blanc, à fleurs de soye, avec un agneau en broderie. Il y a un reliquaire renfermant entr'autres un petit paquet où on lit : *Os unius e discipulis sancti Patris nostri Bernardi extractum e catacumbis Clarevallis in capella comitum Flaudriæ.*

Il y a cinq religieux, y compris le prieur : ils vont à matines à quatre heures. De l'église au dortoir, il y a un escalier de pierre à balustre. Le dortoir est commode : il y a deux chambres à cheminée : autre escalier, de bois, au cloître. A l'infirmerie, il y a une chambre pour les livres. Au-dessus du dortoir, chapitre à trois fenêtres, rempli de tonneaux, bois, etc. Plus loin, belle, longue salle avec meubles : chambre du prieur pour le jour, le réfectoire et la cuisine. Dans l'allée de la lecture, au milieu, est une porte qui introduit dans un lieu entre les murailles de l'église et du cloître, un peu long, étroit, partagé en trois parties sombres sans jour que celui de la porte. On dit que c'est la prison. Mais plus anciennement,

---

1. Antoine Leigneau, originaire de Châlons, mort en 1736.

du temps de M. Le Roy, ce lieu servait secrètement à imprimer les livres, qui ont passé, dit-on, dans le public sous le nom de MM. de Port-Royal : il n'y a aujourd'hui aucun vestige d'imprimerie.

Dans la bibliothèque, où il y a une cheminée, il y a peu de livres. Un beau martyrologe sur velin, in-4°, de l'an 1569, avec les règles de saint Benoit. On n'a pas retrouvé un manuscrit in-f°, *Liber S. Bernardi* de consideratione ad Eugenium papam.

Le prieur me laissa le répertoire des titres en sommaire, sur papier timbré, par devant un seul notaire sans témoins, lequel marque à l'article Luxemont, page 52, un titre latin de Gaudefroy, seigneur de Luxemont, avec sceau, l'année 1000. Seulement, ce qui lui donnerait l'âge environ de 800 ans et ne pourrait convenir à l'abbaye de Hautefontaine [1].

Hautefontaine a été détruite dans la guerre de Charles-Quint. A la page 37 dudit répertoire, il y a une donation des dixmes du labeur des religieux, en la paroisse de Hauteville, faite par l'abbaye de Moutiérender, en présence de notre père saint Bernard [2] : « In nomine, etc. B. Cathalaunensis episcopus presentibus et futuris notum fieri volumus quod Theobaldus reverendus abbas Dervensis communi tocius capituli sui assensu, interventu summæ religionis viri abbatis Bernardi Clarevallensis, etc. — Actum est hoc in presentia abbatis Clarevallensis, abbatis Theobaldi Dervensis, Artaldi abbatis S. Urbani, Garini, abbatis de Alto Fonte, etc. » Sceau de l'évêque sans date.

Page 6, sur l'article Haute-Fontaine : « Messire Guy de Dampierre, sire de Saint-Just, donne à perpétuité pour lou salut de mon âme et pour remembrance de moy à ma vie et à ma mort à l'abbé et couvent de Haute-Fontaine et à son église une croix d'or fin à saphirs et pierres prétieuses, ensemble le pied d'argent qui soutient la croix devant dite. Après je vel que lesdis abbé et couvent gardent diligemment la croix par lamer de moy et à mort et à ma vie, et quand y aura feste solennelle que lon la mette au parement au grand autel tant cum je vivray et au jor de mon obit, et à tos les jors de mon anniversaire que lon la mette ô mon autel en ma chapelle ou sur ma tombe

1. En effet, Geoffroy était seigneur de Luxémont, village de Perthois, voisin de l'abbaye, en 1210 : il eut un fils portant le même nom, ayeul lui-même de Geoffroy de Luxemont, curé de Blesme en 1243.
2. En 1050, Roger, évêque de Châlons, avait donné l'autel et les deniers de Hauteville, canton de Saint-Remy (Marne).

par ressouvenance de moy et parce que ledit abbé et couvent priissent plus dévotement pour moy. Après je doig à l'abbé et au dit couvent après mon obit mon lict entièrement, ung cheval dou pris de 100 l. et toute marmeure que j'a por mon cors, c'est à sçavoir haubes de chanes, et couverture de fer et écu et hiaume et cotte et armor et la verture à armes, et vel et octroy que mé executor fassent mener avec mon cor quand on lemmenera por enfoir à Hautefontaine mon lict. Faict en lan que li miliaires couroit par 1264. »

Dans l'abbaye de Boullancour [1], il y a une bible gothique, latine, imprimée sur papier. Après le chapitre 22 et dernier de l'apocalypse, on lit : Biblia impressa per Octavianum Scotum Modoetiensem explicit feliciter anno salutis 1480 pridie kal. junii. Et de suite : « Incipiunt interpretationes hebraïcorum nominum secundum ordinem alphabeti. » Un martyrologe sur velin, gothique : le calendrier commence par le mois de mars : il y a la règle de saint Benoit : commemoratio generalis XXVI linearum facienda XII kal. decembris : charactere diverso scribitur. Quia definitum est a capitulo generali ut patres abbates in filiabus suis ordinent de numero personarum. Nos abbas Clarevallensis de consilio abbatis et seniorum Bollencuriæ statuimus ut in eadem domo numerus centum sexaginta personarum nullatenus augeatur. Postea plures obitus seu fundationes missarum pro diversis personis.

Un psaultier manuscrit sur velin in-4° en belle grosse écriture. La fête de saint Bernard y est marquée du caractère au 20 août ; celle de sainte Malachie est dans son lieu, mais d'un caractère nouveau. Au 23 août : obiit dnus Rev. pater Edmundus abba Clarevalli anno dni 1552.

Autre volume in-4°. Le calendrier commence à janvier et finit à juin. Au n° 10 : qua scribitur fr. Natalis de Signiaro, primo, deinde professor hujus monasterii religiosi sanctæ vitæ qui multa scripsit sub abbate N. de Gendino, 1503, die IX junii.

Autre manuscrit in-4°, velin, bien relié, entier, relié en bois : Incipit prologus S. Jeromini in libro hebraïcarum questionum ; la version d'Aquila, etc.

Dom Pierre Mayeur, 49° abbé de Clairvaux, donna à l'abbaye du Reclus [2] une sainte relique avec certificat sur parchemin du

---

1. Commune de Longeville, canton de Montiérender (Haute-Marne).
2. Le Reclus, abbaye cistercienne, au diocèse de Troyes, fondée au

1ᵉʳ septembre 17 í3, exposant que dom Claude Guyton lui avait
exposé que l'abbaye avait été tellement ravagée par les guerres
civiles que toutes les reliques avaient été enlevées et profanées
et qu'alors il devait donner auxdits religieux l'ossement du bras
gauche, haut d'un pied, entouré au milieu d'une lame d'argent
doré portant une légende en grec : † στεοιδεδ̔λ τον μαδστσ εντεχπουξ
couvert d'un taffetas rouge auquel tient un petit parchemin où
est bien écrit en anciennes lettres rouges : *Os venerandum
martyrii Eustracii* : ce qui est aussi peint au pied d'un bras
de bois qui fait la châsse dudit ossement orné de sculptures de
couleur rouge, fermé par un verre, sous charge de soutenir et
célébrer le culte religieux de ce saint martyr et de dresser
procès-verbal de la remise.

Ledit porteur étant arrivé à Troyes lo 2 septembre 1743,
obtint du grand vicaire, l'évêque étant absent, l'autorisation
pour les religieux du Reclus d'exposer ladite relique. Ledit se
rendit au monastère et le 5, après l'office, nous nous rendîmes
tous, même un curé voisin, en la sacristie où, revêtu d'amict,
aube et étole, le curé en habit noir court, les religieux D. Gervaise, ancien abbé de la Trappe [1], D. Chabaille, sous-prieur,
D. Bastet, procureur, fr. de Boury, profès de Royaumont,
fr. Compiot, profès d'Aulnay, religieux de chœur, fr. Hubert,
convers d'Orval, tenant le prieur la relique qui me la présente, tous autres ayant un cierge allumé à la main. J'expli-
quai alors le don de notre père abbé qui dans le trésor n'avait
trouvé que cette relique. Nous revînmes alors en procession
au maître-autel où l'on chanta la messe. A l'offrande, le célébrant descendit au pied de l'autel tenant d'une main la patène
et de l'autre la relique : nous baisâmes les deux à genoux et
rendîmes ainsi le culte au saint martyr. Dans l'après-midi, le
prieur dressa le procès-verbal, signé : J. de Lesne, prieur,
D. Thomas Cobaille, président, D. Battez, procureur. Cachet en
cire représentant une Vierge debout sur un croissant, couron-
née, tenant l'Enfant-Jésus, environnée de fleurs de lys avec
ces mots : *Sub tuum præsidium confugimus.*

Le 6 septembre, je partis avec D. Chabaille pour Reims par

xııᵉ siècle par Henri V, comte de Champagne, commune de Saint-Prix, can
ton de Montmort (Marne). Il reste d'importantes parties de ce monastère.

1. François-Armand Gervaise (1660-1751), carrier, puis trappiste : ren-
voyé par l'abbé de Rancé à cause de son mauvais caractère, il finit par être
enfermé au Reclus, abbaye qui servait de maison de correction, à cause de
son *Histoire de la réforme de l'ordre de Cîteaux.*

Epernay. Nous rencontrâmes l'abbé de la Charmoye [1], D. Gruel, à cheval, avec son prieur à pied, se rendant à l'abbaye des bénédictines d'Andecis [2]. Nous ne passâmes qu'une demi-heure à La Charmoye. Je vins coucher à Reims, au Moulinet [3], en face de la cathédrale, et, le lendemain, j'allais à l'abbaye de Vauclair [4]. Tout y est satisfaisant et montre la régularité. Il y a 25 religieux, 4 convers, 2 oblats. On voit à la sacristie des reliques de notre père saint Bernard, de saint Malachie, des saints Eutrope, Zozime et Bonoze que D. Cornuat, prieur de Clairvaux, qui devint abbé de Vauclair, y porta : dans l'attestation qu'il en donne, laquelle est dans le beau reliquaire d'argent enchassée dans un autre en bois doré, dûment signé, il marque que ces saintes reliques ont été tirées de leur mausolée dans Clairvaux, lorsque en 1562, à cause des huguenots, on transporta les corps des saints à Dijon pour sûreté. Sur une tombe, dans le cloître, j'ai vu : *Hic jacet dominus Claudius de Quersalion doctor theologus, hujus loci, abbas 32 qui lapsam disciplinam restituit et omnia jura domui ampliavit : obiit XVI nov. 1653 ætatis 74.* Il est en habits pontificaux.

Autre à côté : *Hic posuit laboribus metas quas et vitæ reverendus pater Robertus Beau......* (effacé). Autre à côté : *Hic tumulus continet cineres reverendi patris domini Ludovici Brullart, animam cœlum virtutes corda filiorum complectuntur. fama sanctitatis odorem spargit, egenorum ora prædicant viscera charitatis sibi parcus. suis totus pauperibus fuit effusus in partem sollicitudinis assumptus primum in plenitudinem deinde potestatis vocatus venit ac meritis præcuntibus, decessoris vota cumulavit ab eodem inchoata, domus ædificia ac disciplinæ perfecit instituta, fratrum vicia odio, fratres ipsos amore prosecutus his prodesse magis quam præesse studuit, gregis forma factus dignitatem ornavit, doctrina, exemplo, virtutibus vitam absolvit, dierum plexus et meritorum, anno ætatis 66, conversionis 49, præfecturæ 26, domini 1705,*

---

1. Nommé en 1734. — La Charmoye, abbaye cistercienne, fondée en 1167. Commune et canton de Montmort (Marne). Les bâtiments forment actuellement une belle maison de campagne.

2. Abbaye bénédictine, au diocèse de Châlons, fondée vers 1131. Commune de Baye, canton de Montmort.

3. Auberge où logea Jeanne d'Arc, lors du sacre, comme le constate une inscription qui y a été placée.

4. Abbaye cistercienne, au diocèse de Laon, fondée en 1134 D'importants bâtiments subsistent. Canton de Craonne (Aisne).

pridie id. martis, dotes mille aliæ, virtutum copia major, sed quis eos novit solum deus, sancta licet, domus hæc donis cœlestibus impar, mortuus hic vixit, vivat ut inde volo, etc. (sic).

Dans le cloître, à la naissance des voûtes, on voit des sentences rappelant aux religieux leurs devoirs.

Le dernier abbé de Vauclair est enterré dans le chapitre, au pied du siège de l'abbé : *D. O. M. hic quiescit ex laboribus suis D. D. Jacobus Bernardus de Parvillez [1] hujus cœnob.i abbas meritissimus, vir religiosus ac timens deum, orationi frequenter intentus, zelo operis dei ardenter incensus, paupertatis amator, suæ suorum que saluti sollicite invigilans, docuit, præfuit, verbo, exemplo, oratione. Hunc pauperes amant effusum, hunc monachi norunt sibi patrem, hunc prælati stupent exemplar, hunc pii venerantur austerum, hunc omnes prædicant sanctum. Obdormivit in domino ætatis anno 83, religionis 65, dignitatis 42, Kal. martii anno domini 1747.*

Cette maison a pour membres et filles les abbayes de la Charmoye qui est en règle et le Reclus qui est en commende. Mais cette dernière est, depuis 1744, sous la juridiction immédiate de Clairvaux, ensuite d'un acte solennel de cession passé audit Vauclair. Incontinent après, le révérendissime abbé de Clairvaux s'y est rendu, l'a trouvée propre à ses desseins et en a fait une maison de force pour y renfermer les incorrigibles. Elle est rebâtie et sert à cet effet.

De Vauclair, je suis allé par La Val Roy [2] à l'abbaye de Signy [3], dont le chœur est ancien, qui conserve les formes basses des novices dans lesquelles il faut descendre et dans les hautes formes on y remarque les appuis, accoudoirs pratiqués dans l'épaisseur du bois dossier. Sur le dossier, près la place du prieur, il y a une tablette sur laquelle on lit : « *Fundatio monasterii Bonifontis anno ab incarnatione verbi M. C. L. II. Dominus de Rumigniaco quamdam villam quæ tunc Serifontis vocabatur, quod nomen mutatum est in Bonum fontem, ad construendum ibidem cœnobium, duo. Bernardo, tunc abbati Signiacensi, contulit. Dominus igitur Bernardus abbas XII monachos de conventu Signiaci eligens, ad dictum locum destinavit, præficiens in abbatem domnum Theodoricum, virum reli-*

1. D'une famille de Châlons-sur-Marne.
2. Valleroye, abbaye de bénédictines, fondée en 1149, diocèse de Reims (Ardennes).
3. Canton de Signy (Ardennes), fondée en 1134.

giosum et honestum ; et quia possessio illa quam dominus de Ruminiaco concesserat pro fundatione Boni fontis minus sufficiebat ad sustentationem fratrum, dictus domus Bernardus de possessionibus Signiacensis ecclesiæ tres grangias, videlicet de Martinsart, de Wallepia, et de Cruyiis, eidem loco contulit. Igitur prædicti XII fratres cum abbate suo Theodorico nullatenus a Signiaco discedere voluerunt, nisi sub tali conditione, quod quando aliquis monachus vel conversus de eorum conventu moreretur, tantum pro eo ab unoquoque monacho vel converso Signiacensis monasterii fieret, quantum pro unoquoque eorum fieri censuevit. Et ipsi quoque pro Signiacensibus, idem perpetuo facturos spoponderunt. Quod videlicet a tempore illo ad hoc usque tempus ab utrisque firmiter et fideliter observatum est. Actum anno dni. M. C. LXXX. VIII. die vero tertia mensis januarii. »

Dans la bibliothèque de Signy, il y a des manuscrits anciens sur parchemin. Nous y avons remarqué celui qui est fort délabré, sans couverture, ni commencement, ni fin, qui, dans la plus grande partie, comprend les ouvrages de saint Anselme, la vie du bienheureux Pierre Monoculus. J'ai représenté l'inutilité de ce volume à Signy et toute la communauté a consenti que je le reportasse à Clairvaux. J'y ai remarqué : *S. Thomæ martyris vita et miracula ac laus Philippi Leodii archidiaconi, prioris Clarevallis et Elemosynæ abbatis.* Un beau martyrologe de l'ordre, suivi de la règle de saint Benoît, des mémoires et associations des ordres de Cluny, Chartreux, etc. Un autre volume bien écrit : lettre à Geoffroy, évêque de Chartres, et à saint Bernard qui les sollicite de veiller sur les erreurs d'Abailard. Dans un autre manuscrit, bien écrit, sur la fin, sont des vers d'Albert, moine de Clairvaux, sur saint Bernard, adressés a Odon, abbé de Vauclair. Plus la chronique de Sigebert, moine de Gemblours, au diocèse de Namur [1], en réputation sur la fin du xie siècle. Elle est en manuscrit sur velin, bien lisible : c'est un volume in-4°, épais, bien relié, couverture ancienne sur bois. J'ai eu ce manuscrit entre les mains pour le copier, mais je l'ai rendu au prieur D. Dubois le 15 juillet 1749. Ce manuscrit contient les préludes, puis quel-

---

1. Sigebert de Gemblours, né vers 1030, dans le Brabant français, mort en 1112 : il entra fort jeune à l'abbaye de Gemblours, au diocèse de Liège. Il a composé de nombreux ouvrages dont le plus estimé est sa chronique de 981 à 1112, faisant suite à celle d'Eusèbe et continuées jusqu'en 1205 par Robert de Thorigny. La première édition a été imprimée à Paris en 1513.

ques règles sur la sainte Ecriture : s'ensuivent en 22 feuillets et une page, par colonne, les noms des premiers patriarches à commencer par Adam, et autres renseignements sur l'ancien Testament, les parties du monde, les villes ; le catalogue des papes, des empereurs, des divers souverains d'Orient, de divers souverains du monde depuis Constantin. Commence après la chronique en 48 feuillets avec cette mention à la marge d'une main nouvelle : chronicon Sigeberti ab anno 381 ad annum 1111 : illud continuavit Robertus [1] de Monte (abbas Montis S. Michaelis in Normannia) usque ad 1220. Là chronique est divisée en neuf parties pour l'histoire de chaque nation : Romains, Perse, France, Vandales, Anglais, Lombards, Visigoths, Ostrogoths.

Il est étonnant que le moine Sigebert, dans sa chronique, n'ait fait aucune mention de notre père saint Bernard, ni de l'institut de Citeaux, que ses continuateurs aient gardé un profond silence sur le même saint lorsqu'ils ont parlé du pape Grégoire surnommé Innocent II, pour la reconnaissance duquel, comme vrai souverain pontife, saint Bernard a tant travaillé : qu'il n'en dise encore rien dans cet article du comte Thibaud que saint Bernard réconcilia avec le roi Louis VII, après l'avoir repris courageusement de l'incendie de Vitry. A la fin de la chronique est une liste des abbés de Signy jusqu'à Louis de Harcourt (1723).

Le 1er septembre 1749, je fus à Chateauvillain [2] : dans l'église Notre-Dame, est une chapellle au midi, il y a en un seul tableau les images de saint Bernard et de sa sœur la bienheureuse Humbeline.

La collégiale a 14 chanoines. Ils officient très dignement.

L'église des Récollets est longue, large, voûtes hautes et basses en bon état. Le rétable de l'autel est une crèche. Du côté de l'Evangile, est une chapelle et une Vierge tenant l'Enfant-Jésus, de marbre, bien faite de traits du visage et des draperies : vient de Rome. Belle et riche croix qui renferme du bois de la vraie croix et vient du roi saint Louis. Leur maison est propre, grands cloîtres, bibliothèque, beaux jardins.

Dans la ville de Langres, l'église de Saint-Mammès est belle : le sanctuaire bâti différemment du reste : anciennement, c'était un temple. Derrière le maître-autel y a une haute

1. D. Thorigny.
2. Chef-lieu de canton de la Haute-Marne.

colonne d'une seule pierre sur laquelle les payens avaient placé leur Dieu Bacchus. L'autel et le chœur sont anciens. On y voit l'histoire de saint Mammès sur de magnifiques tapisseries faites à Rome, données par le cardinal de Givry [1], évêque de Langres, qui a son mausolée du côté de l'Epître.

Le jubé, derrière, est attenant le chœur, admirable ouvrage de Bouchardon, fameux sculpteur [2]. Ornements et trésor magnifiques. Un tableau de la Nativité de Notre-Seigneur ; une fort belle chapelle au nord dans la nef : une haute et grande croix, derrière le maître-autel, portant Notre-Seigneur revêtu d'une robe. Au sortir de la sacristie, avant d'entrer au sanctuaire, on remarque un anneau de fer dans la muraille auquel on prétend qu'un évêque y arrivant monté sur sa mule, l'y attachait pour la reprendre après le service divin. On m'a fait voir au pied du maître-autel, du côté de l'Evangile, une grande tombe à ras terre qui porte cette inscription faite par M. Forgeot, prébendier de Saint-Mammès :

« *Hic jacet Franciscus de Clermont-Tonnerre, episcopus dux Lingonensis, par Franciæ, qui cum per annos 29 facundia, charitatis, et lenitate magnus superasset honores, et nominis et sedis dux illustris pastor optimus, clero, populo, cunctis benefaciendo pertransivit, die 12 martis an. dom. 1724, ætatis suæ 69, hoc monumentum posuit Capit. lingon.* — Aussy le tombeau de trois enfans un peu élevé dans le milieu du bas dudit autel : « *In hoc sarcophago jacent Sydrach. Misach et Abdenago igne usti ut Pelago.* »

L'hôpital, près le grand portail de l'église cathédrale, contient 25 lits : cinq sœurs soignent les malades.

L'avenue de l'abbaye de Beaulieu [3], filiation de Clairvaux, vicariat de Champagne, est une belle allée de charmilles près de laquelle est une fontaine. Belle porterie qui fait un corps de bâtiment. Au-dessus de la porte est une Vierge tenant l'Enfant-Jésus dans une niche délicatement travaillée en pierre. Au haut, les armoiries de saint Bernard, de Clairvaux et de Beaulieu. Une belle salle, un salon, cinq chambres d'hôtes à un lit : le dortoir, la cuisine, la boulangerie, ménagerie, greniers, pressoir, cuve, le tout neuf et bien bâti. La servante de

1. Claude de Longwy, évêque de 1530 à 1561.
2. Né à Chaumont, le 29 mai 1698, mort le 7 juillet 1762.
3. Abbaye, au diocèse de Langres, fondée en 1166, commune de Hortes, canton de Varennes (Haute-Marne).

la basse-cour entre dans la cuisine et autres lieux du couvent. L'église ancienne : faut monter huit degrés pour arriver au chœur qui a six sièges de chaque côté, et trois degrés du chœur au maître-autel qui est simple : il y a une belle croix de cuivre et argent doré, le christ a une longue chevelure, vêtu de la ceinture aux genoux d'un tablier qui l'enveloppe : travaillée en filigranne, avec nombre d'inscription des reliques qu'elle renferme : au-dessus des pieds de Notre-Seigneur : « *Exaltatio sanctæ crucis.* » Au-dessus, une croix de Malthe, 1553, *abbas Hugo de Rouva me fecit facere : in ista cruce sunt plurimæ sanctorum reliquiæ quæ non videntur : mors tua pœna mihi : mors mea vita tibi. Cur homo miraris, morior ne tu moriaris.* » Ce pied est rond, orné de plusieurs pierreries sur le convexe travaillé à jour. Le concave est fermé par une petite serrure dont on n'a pas pu trouver la clef. Il y a nombre de reliques sur l'autel : *Caput S. Eutropii* dans un buste qui représente un évêque mitré ; *de capite S. Blasii,* martyris et episcopi ; *de brachio ejusdem; de brachio S. Theobaldi confessoris,* etc. Sur deux hautes vitres du sanctuaire, il y a une crosse d'abbé, dont le bâton de l'une se termine par double croix, au-dessous on lit : François de Courteville ; sur la vitre de la croisée, au midi, les armoiries de Choiseul, écrit au-dessus : Choiseul, surmontée d'une crosse. A droite, les armes de France, écrit : *Chatelet.* Trois cloches. Dans la sacristie, deux anciennes crosses, ornées en haut de pierreries : au-dessus de l'une les armoiries d'un abbé avec crosse sans mitre. Le prieur est un homme de sens, entendu. La maison est propre.

L'abbaye de la Creste [1], à trois lieux de Chaumont, filiation de Morimond, vicariat de Lorraine, est une maison neuve, bien bâtie, composée de 4 religieux, compris le prieur, homme régulier, D. Duchesne, âgé de 80 ans. Trois cloches dont une fendue. Le dortoir est beau au bout duquel est en forme un chœur pour l'hiver. Chaque cellule a une cheminée et un cabinet propre. Pas de bibliothèque, ni orgue, ni chapitre, la sacristie peu meublée. Le chœur est neuf, beau, 25 sièges de chaque côté : trois ailes au cloître. Leur revenu est de 7 à 8,000 l. Le logis des hôtes beau, comme les corridors : beaux jardins. Sur une tombe, dans la nef : « *Frater Guiller. de Ryel, quondam hujus eximii cœnobii pastor non immeritus, cui Atropos XV februarii anno 1516 diem clausit extremum :*

1. Abbaye cistercienne, fondée en 1120, au diocèse de Langres, canton d'Andelot (Haute-Marne).

anima illius quiescat cum beatis, amen. » Représenté en habit
de moine, la crosse, les mains jointes. Ils ont des reliques de
sainte Paule, dont ils font chaque jour mémoire.

A la petite ville de Renel [1], nos religieuses de Benoitevaux [2],
filiation de Cîteaux, y ont été transférées de la campagne.
Elles y sont à l'étroit, mais elles y ont acquis du terrain pour
bâtir et se mettre au large, ce qu'elles n'ont pu encore faire,
parce que la cour les a mises sur la conduite de D. Gaynot,
prieur de l'abbaye d'Ecurey [3], qui est économe, par lettres de
l'an 1744 à charge de rendre compte par devant M. l'abbé régulier d'Ecurey. Madame leur abbesse est morte depuis plus de
deux ans : la cour n'y a point nommé et on ne reçoit pas de
nouveaux sujets. La prieure est dame Marie d'Aunay, née à
Frampas. Il y a au château une église collégiale, grande, voûtée : une chapelle attenant aussi voûtée à deux autels, l'un
devant l'autre. Le doyen est électif par les trois autres chanoines à la nomination de seigneur.

De Renel à l'abbaye d'Ecurey, filiation de Morimond, il y a
sept lieues : M. Henrion, abbé régulier, ledit D. Gaynot, prieur,
et 4 autres religieux. Au chœur, la place de l'abbé est garnie
d'un tapis de Turquie tant au dossier que devant lui sur les
formes. Quatre moyennes cloches sans clocher apparent, ayant
été brûlé en différens temps par le feu du ciel. Les cloîtres qui
paraissent anciens par les piliers sont lambrissés. A chaque
bout de l'allée de la collation, il y a une pierre ronde pour le
mandatum. Il y a des monuments élevés des fondateurs : un
évêque de Metz, près de l'église, un seigneur de Commercy
sous un arceau qui soutient les piliers d'une arcade qui donne
sur le préau ; une longue tombe ornée de feuillages de vignes
avec une longue figure de guerrier, vêtu de la tête aux pieds
d'une cuirasse, tient de la main gauche un étendard, de la
droite son écusson sur la cuisse, où est écrit : † *Jehans de saint
Jones* (qu'ils croyent être un seigneur de Joinville) *hic jacet in
cinere......* † *nomine I, Guido nobilis in scelere quem traxit
nulla cupido. Requiescat in pace.*

Le rétable d'une chapelle dans la nef est un saint Antoine
en sculpture de relief, estimée bonne pièce : dans la nef, deux
autels de la Sainte-Vierge et de saint Bernard, sur lesquels il

1. Reynel, canton d'Andelot (Haute-Marne).
2. Benoite-Vaux (O. de Cîteaux, au diocèse de Toul (Haute-Marne).
3. Abbaye cistercienne, fondée en 1144, au diocèse de Toul (Meuse).

y a croix et chandeliers de bois : ils sont fermés par une balustrade à hauteur d'appuy. Près le maître-autel, il y a un écrit sur papier signé par ledit abbé en qualité de vicaire de sa province, lequel porte indulgence plénière pour les défunts à cet autel accordée par Benoit XIII, dominicain [1]. Dans le cloître, ils ont fait du chapitre un magasin : de l'armoire des livres, servant jadis aux lectures communes au cloître, un charbonnier ; de la petite voûte, une cave : le dortoir est bas : le logis du prieur, au-dessus de la sacristie, est commode : d'où l'on monte en une chambre où sont plusieurs bons livres et chez M. l'abbé une belle vie de saint Bernard, impression de Vitré : les beaux ornements de l'église, crosse, mitre, soleil, grande croix en filigranne renfermant plusieurs reliques, de vermeil. M. l'abbé travaille à un nouveau logis pour lui : il y a une chapelle : tout y est propre et commode : il y loge déjà. Les archives sont aussi dans la chambre du prieur. Dans le réfectoire, il y a un portrait de saint Bernard recevant le baiser de Notre-Seigneur entre deux papes : un autre grand tableau du prophète Isaïe fort bien peint. On y mange frugalement sur une table de bois ronde : les convers à une petite table séparée à la vue de l'abbé qui y envoie de la table commune ce qui lui convient. Les femmes entrent dans le cloître, cuisines, salles, etc.

De l'abbaye d'Ecurey à celle d'Esvaux [2], il y a trois lieues : un prieur, 7 religieux, un convers : l'évêque de Toul en est abbé commendataire. Les armoiries de la maison sont trois fleurs de lys au-dessous de trois roses, une bande de gauche à droite entre les unes et les autres, sur un écusson portant la couronne royale de France fermée. Ils tiennent que le roi Philippe-le-Bel y a logé avec la reine, leur cour, et y a donné de beaux privilèges. Le sanctuaire est beau, bien éclairé, boisé : l'autel porte six colonnes d'une pierre chacune, unies en haut par un couronnement : une Sainte-Vierge de haute stature : deux bustes de bois doré de saint Guillaume, évêque, et de saint Bernard, sans reliques. Ils ont chacun leur petit autel derrière le chœur et leur statue de pierre. Chœur assez propre, fermé par une porte en fer. M. l'abbé fait travailler aux jardins pour les embellir par terrasses, canaux, bassins, jets d'eau. Les religieux ont des chambres à feu.

De cette abbaye à la petite ville de Vaucouleur, il y a trois

1. Pape, de 1334 à 1424.
2. Veux-sur-Orney, abbaye cistercienne, au diocèse de Toul.

lieues : un couvent de Récollets. De là à Toul, quatre lieues, toujours par les bois.

(D. Guyton passe par Toul, Nancy, Metz, Verdun et Clermont-en-Argonne [1].)

De Clermont [2] à Sainte-Menehould, il y a quatre lieux : hôtel-de-ville, belles maisons, capucins, noviciat, Filles de la Congrégation. Une lieue et demie à l'abbaye de Moiremont [3], bénédictins de Saint-Vanne. Il y a 7 religieux. La maison est petite : bonne bibliothèque, religieux qui étudient le grec : il y a un auteur que l'on dit habile pour en faciliter l'instruction. La nef, séparée du chœur par une muraille, sert pour la paroisse desservie par le père prieur. Il y a des fonts. L'abbé commendataire a 7,000 l, tous frais faits : les religieux en argent 1,500 l. Après avoir vu les archives, je me rendis à l'abbaye de la Chalade [4], une lieue et demie. Les chaires du chœur sont anciennes avec séparation pour chacune. Les deux places de l'abbé y sont distinguées. D. Wilman, d'Avesne, prieur ; D. Chevresson, sous-prieur curé ; D. Bursan, de Valenciennes, dépensier ; D. Scaunion, de chœur ; D. Quarré, de Paris, procureur. J'allais dîner à l'abbaye de Chehery [5]. (D'où il se rendit à l'abbaye de Chatillon [6], au diocèse de Verdun, et à celles d'Orval et de Saint-Hubert à la province de Namur.) D'Orval à la ville de Mouzon [7], il y a cinq lieues, passant dans celle de Carignan [8] fermée de murailles, pont-levis, guérites de bois aux portes sans sentinelle : paroisse de Saint-Martin, belle église collégiale, doyen, 12 chanoines ; prieuré à 3 religieux. L'environ de Mouzon est un vignoble, la ville est pavée, place et fontaines : il y a maire et échevins administrateurs de l'Hôtel-Dieu qui a 15 lits et 4 sœurs. Abbaye considérable de bénédictins, congrégation de Saint-Vanne [9] : por-

1. Nous publions cette partie de récit dans le *Journal de la Société d'archéologie lorraine*.

2. Clermont-en-Argonne (Meuse).

3. Abbaye bénédictine, fondée au VIIIe siècle, par un comte Nanteris, rétablie en 1074 par l'archevêque de Reims, canton de Sainte-Menehould (Marne).

4. Abbaye de Bernardins, au diocèse de Verdun, fondée en 1128 (Meuse).

5. Abbaye cistercienne, au diocèse de Reims, fondée au commencement du XIIe siècle (Ardennes, canton de Grandpré).

6. Abbaye cistercienne, au diocèse de Verdun, fondée en 1153. (Meuse).

7. Chef-lieu de canton des Ardennes.

8. Ib.

9. Abb. Mouzon fondée en 971 par Adalbéron, archevêque de Reims.

tail de l'église antique et beau : église belle, galeries voûtées
sur les basses nefs : très beau sanctuaire en autel et pavé :
chœur propre, chapelles de marbre, rond-point, orgues : dortoir propre, cloître, beau et grand jardin sur la Meuse.

De Mouzon à la chartreuse de Mont-Dieu [1], il y a quatre
lieues : la route passe au bas d'une montagne en pointe au haut
de laquelle il y a une croix : les chartreux y vont pendant le
carême faire leurs prières et chanter le *Vexilla*. Je célébray le
lendemain la sainte messe revêtu de la chasuble de notre saint
père Bernard que les religieux conservent avec soin et piété.
Au-dessus de la place du prieur, dans le chœur, il y a une
grande statue de Notre-Seigneur en pierre saillante, ayant à
sa jambe un enfant qui lui présente quelques petits poissons
dans un linge. La vie de saint Bruno est autour du réfectoire
en cadres de bois. La chaire de bois est belle. Le réfectoire n'a
qu'un seul vaisseau dont les religieux occupent les deux tiers,
les frères, le troisième : il y a entr'eux une cloison de bois de
10 pieds de hauteur. Ils sont 25 chartreux, 10 frères lais, 30
valets. Église propre en marbre. Au haut du rétable de l'autel,
la Foi, l'Espérance est au milieu, la Charité représentée par la
Sainte-Vierge tenant l'Enfant-Jésus. Au milieu du chœur un
pupitre tout en cuivre sur une colonne de marbre, surmonté
par la figure en cuivre de saint Bruno. Belle bibliothèque où
ils conservent la lettre célèbre *ad fratres de Monte Dei*, manuscrit in-8° sur velin, volume seul couvert d'une espèce de
taffetas damassé. J'y ay vu l'une des cellules occupée par un
novice, où le père vicaire m'assure que notre père saint Bernard qui alloit méditer de temps en temps au Mont-Dieu, rési-
doit. Au-dessus de la porte, en dedans, il y a son portrait sur
toile : autour : *Jesus Maria : vera effigies sancti Bernardi
abbatis*, 1612.

A une demi-lieue sur le Bar, les chartreux ont leur basse-
cour, vaste, entretenue, avec 80 vaches, 30 chevaux, 50 porcs
et nombre de domestiques. Jamais de femmes.

De Mont-Dieu à notre abbaye d'Elan [2], filiation de Lorroux-
sous-Citeaux, il y a quatre lieues, passant auprès du château
incendié de La Cassine [3], et village où il y a un couvent de 10
cordeliers. Cette abbaye est bâtie à neuf en entier par l'œcono-

1. Au diocèse de Reims (Ardennes). Fondée en 1130.
2. Ardennes, diocèse de Reims, fondée en 1154.
3. Canton d'Omont (Ardennes). Un château moderne remplace ce couvent.

mie de D. Pierquin, prieur. L'église est en croix, bien voûtée, éclairée, pavée en entier de pierres blanches et noires, boisée tout autour à la hauteur de sept pieds, même les piliers en carré. Trois confessionnaux, derrière les chaires du chœur neuves au nombre de 17 de chaque côté. Au chœur, pupitre de fer ouvragé pour les leçons. Magnifique sanctuaire en marbre, bas-relief bien travaillé. Belle Assomption, le tour des piliers orné de sculptures : les 4 chapelles des saints Jean-Baptiste, Madeleine, Benoit et Bernard sont magnifiques. Belle sacristie boisée entièrement. Huit cloches : derrière le chœur, dans la nef, autels de la Sainte-Vierge et de saint Roger : au-dessus du premier autel des reliques de plusieurs martyrs ; sur celui de saint Roger, celles dudit saint exposées de nouveau à la vénération du public en conséquence de l'avis demandé sur ce et donné par le révérend père abbé de Prières, confesseur de la reine de France au prieur d'Elan, du 11 juillet 1642. Dans la châsse on avait trouvé le verbal des reliques du précieux corps du glorieux saint Roger, premier abbé d'Elan, lorsque l'armée des..... en l'an..... (sic) pilla ladite abbaye et profana les-dites reliques : *ab annis circiter 400, sequens inscriptio fuit facta, scilicet circa finem decimi tertii seculi.* Nous l'avons lue sur un papier de vieille écriture : *In hoc feretro jacet sanctissimum corpus venerabilis patris domni nostri Rogerii primi abbatis Elantii pro quo dominus noster J. C. miracula multa operatus est sicut testatur vita ipsius et a fide dignis intelleximus.* Ledit prieur nous a donné un exemplaire manuscrit sur papier, de la vie de ce saint. Dessous le parvis ou vestibule de l'église, il y a six grandes tombes ; sur l'une on lit : *Hugo comes primus jacet hoc sub marmore limus, quod nunc est erimus licet quod id erat modo simus limus enim fuimus omnes ; ad idemque redimus, requiescat in pace.* Cet Hugues Ier, comte de Rethel, eut entr'autres enfants Guiter[1] qui donna à Elan le lieu de sa situation. En une chapelle de la croisée, au septentrion, est une longue tombe de marbre noir, élevée d'un pied et demi, portant cette épitaphe : *Protector populo metas hosti, vir vidualis et pater orbatis. Heu, jacet hoc tumulo, tantum fleant juvenem franci pro principe quorum anglum per regem cum cuneo præmium cernitur ad Blangy dum pugnat omine mœsto, Crispini festo cum fratre duce mori, ex hoc jam*

---

1. Hugues Ier, comte de Rethel, eut pour successeur, vers 1118, son fils Gervais. Guithier, fils d'Eude, châtelain de Vitry, était neveu du dit Gervais et lui succéda en 1124.

lacrymas Nivernis regisque testis linque Philippe tuis tam bene
ques prœcrais in numero christi quod clam cuculus siat, obisti,
Nunc manus angelica te vehat ad supera amen. October mensis
stet quod scidit anglicus ensis. Autour du tombeau : *Cy gist*
très haut et puissant prieur de très noble mémoire, Philippe,
comte de Nevers et de Rethel, baron de Donzy, pair et grand
chambrier de France, fils de très haut et puissant prieur Phi-
lippe, fils du roi de France, duc de Bourgogne, comte de
Flandre, d'Artois et de Bourgogne, palatin, sire de Salins et
seigneur de Malines et de très haute et puissante princesse
Madame Marguerite de Flandre, qui trespassa à la bataille
d'Azincourt-les-Blangis, au service du roy, à l'encontre des
Anglais, le jour de S. Crespin, 25 octobre 1415. — Sa femme
Marie, fille et héritière d'Enguerrand de Coucy, comte de
Soissons, est aussi enterrée près ladite chapelle, sous un beau
mausolée de marbre blanc. Sa seconde femme, Bonne d'Artois,
mourut à Dijon, en 1425, sans enfant.

La face du portail d'Elan, faite en 1720, est belle, à colonnes de pierre, pots de fleurs et sculptures. La Sainte-Vierge en
haut, saint Bernard à droite, saint Roger à gauche. Sept religieux qui ont chacun chambre à feu, alcôve, double cabinet.
On prépare la place à une bibliothèque. Saint Roger est en
grande vénération chez tous les peuples des environs et opère
tous les jours des miracles pour les maladies. La fontaine de
Saint-Roger, qui est à deux pas de l'abbaye, est belle par
elle-même et par les bocages qui l'environnent, l'eau venant de
haut y fait plusieurs bassins et cascades. L'abbé retire 12,000
liv., les charges acquittées.

Dans la ville de Reims, observé dans la première salle haute
du palais épiscopal, le portrait en grand de Henri, fils du roi
Louis le Gros, disciple, dans Clairvaux, de saint Bernard : il
est à genoux devant une croix, revêtu de la cuculle blanche à
laquelle le capuchon est cousu, les manches étroites, la ceinture dessus la cuculle.

A Châlons, la cathédrale est belle, beau sanctuaire ; au midi
est le trône en marbre de l'évêque. Au pied du presbytère
sont enterrés sous de grandes dalles à raze terre avec de belles
épitaphes les illustres évêques Vialart et de Noailles [1]. Un jubé
derrière le chœur à deux escaliers : le diacre, les jours de fête,
y annonce le saint Evangile. Tableau et épitaphe de la consé-

1. Félix Vialart de Herse (1640-1689). — Gaston de Noailles (1695-1720).

°cration de l'église par le pape Eugène III, à laquelle assista saint Bernard [1]. La sacristie est basse, voûtée à colonnes : la bibliothèque dessus. Sous le sanctuaire il y a une église souterraine où il y avait, et n'y a plus de chapelles. — L'église de Notre-Dame est mignonne, rond-point : le Saint-Sacrement dans la muraille au haut de la crédence, du côté de l'Epître : *hic deum adora*. Il y a un puits dont la margelle est ronde, haute d'un pied, deux pieds de diamètre, couvert : il est bény : on y puise de l'eau pour les messes. — L'hôpital a cent lits et deux salles : une chapelle où le Saint-Sacrement repose avec un curé pour le desservir : il y a à l'entrée une chapelle souterraine dite de saint Bernard, bénite l'an dernier, 1749, par Mgr l'Evêque. Il y a un bon portrait de ce saint : *vera effigies sancti Bernardi*. — Autre hôpital de Saint-Maur pour les enfants et les vieillards : ils sont plus de 400 : on leur apprend des métiers. La petite face de l'hôtel-de-ville est assez régulière. On y parlait d'un livre nouveau intitulé les *Mœurs*, composé, disait-on, par Poussin, avocat, proscrit par ordre de la cour, néanmoins imprimé à Rheims, par le nommé Lestre, qui a été pour cela recherché et a pris la fuite. On dit que c'est le plus mauvais livre qui ait encore paru.

Au mois de juin 1754, au château de Montigny-sur-Aube [2], bâti par M. Damoncour, il y a une fort belle chapelle : le chapelain demeure au château à la solde de 300 l. Dans l'église paroissiale on voit une tombe de marbre noir portant l'effigie de M. Damoncour, abbé de la Ferté-sur-Grosne [3], l'un des quatre premiers pères de l'ordre de Citeaux, évêque de Poitiers.

A Vauclair [4], prieuré dépendant du Val-des-Choux [5], M. Picard, prieur, et frère Victor, ancien religieux de chœur, disent qu'à Citeaux on conserve une lettre de saint Bernard au bienheureux Etienne, 3e abbé de Citeaux, datée de la maison du Val-des-Choux où il se reposoit. Il y a près de Vauclair, à Gie-sur-Aujeon [6], le nommé Bridart qui déchiffre les anciens

1. Ce tableau existe encore.
2. Chef-lieu de canton de l'arrondissement de Châtillon (Côte-d'Or).
3. Abbaye cistercienne, première fille de Citeaux, fondée en 1113, diocèse de Châlon-sur-Saône.
4. Prieuré sur l'Aujon, au diocèse de Langres (Haute-Marne).
5. Abbaye bénédictine, au diocèse de Langres (Côte-d'Or), arrondissement de Châtillon.
6. Canton d'Auberive (Haute-Marne).

titres et dresse les inventaires d'archives. Il y en a un bien meilleur à Voulenne, nommé Petot, en outre homme de probité jusqu'au scrupule.

Dans l'abbaye de Vaux-la-Douce [1] qui est sans cloîtres, bien bâtie, bien meublée, beau et grand jardin. D. Maillart, abbé régulier, a rapporté de Rome, où il a résidé trois ans comme procureur général de l'ordre, plusieurs bons tableaux de personnes illustres de son ordre. En voici quelques-uns dont les noms sont en bas :

B. Aleydis, mère de saint Bernard, m. 1105, avec armoiries.

B. Tescelin, père de saint Bernard, m. 1131.

B. Galdric, oncle de saint Bernard. m. 1124.

Gui, frère de saint Bernard, m. 1136.

Gérard de Fontaine, son frère, m. 1138, cellerier de Clairvaux.

B. André, son frère, portier de Clairvaux, m. 1148.

Saint Bernard, m. 1153. Bon portrait du saint. Un crucifix devant lui : les armoiries de Champagne, dessus celles du saint qui sont d'azur à la bande déchiquetée d'argent et de sable de deux pièces, surmontées d'une mitre entre deux crosses. La couronne de gloire derrière la tête.

B. Barthélemi, son frère, abbé de la Ferté, m. 1160.

B. Nivard, son frère, abbé du Val-Richer, m. 1147.

B. Humbeline, sa sœur, fondatrice des Cisterciennes, m. 1141.

Hugues, abbé de Pontigny, cousin du saint, évêque d'Orléans, m. 1151.

Godefroi, cousin du saint, évêque de Langres, m. 1165.

Saint Robert, son neveu, abbé de la Maison-Dieu, m. 1190.

B. Asceline, sa nièce, cistercienne, m. 1196.

Saint Eugène III, pape, son disciple, m. 1152.

Saint Malachie, archevêque primat d'Ecosse, mort à Clairvaux, 1148.

B. Sevo (?), abbé de Savigny, m. 1153.

B. Guerric, abbé d'Igny, m. 1157.

Urbain IV, pape, m. 1264.

Célestin IV, pape, m. 1241.

1. Abbaye cistercienne, fondée en 1152. Canton de la Ferté-sur-Amance (Haute-Marne).

Saint Etienne, 3e abbé de Cîteaux, m. 1134.

Saint Gilbert, fondateur des religieux Gilbertins, m. 1190 à 100 ans.

Alexandre III, pape, m. 1181.

Grégoire VIII, pape, m. 1187.

B. Benoit XII, m. 1342.

Saint Thomas, de Cantorbery, martyrisé 1171.

Jacques Herbert, cardinal, cistercien, m. à Clairvaux 1254.

Sainte Juliane, cistercienne, m. 1247.

Sainte Franche, m. 1218.

Saint Pierre de Château-Neuf, m. martyr 1208.

Jacques de Pecoraria, cardinal, m. 1244.

B. Adalgarus, évêque de Coire, m. 1147.

B. Guemans *ex rege Sardiniæ*, disciple de saint Bernard, m. 1154.

B. Alain, dit le docteur universel, m. 1294.

Othon, 3e abbé de Morimond, m. 1159.

Adrien IV, pape, m. 1159.

B. Fastredus, 3e abbé de Clairvaux, m. 1163.

Saint Pierre, archevêque de Tarentaise, m. 1174.

B. Aelred, anglais, « abbas in Rievalle, scriptor egregius », m. 1166.

Henri Moricotus, cardinal, m. 1179.

B. Galgarus, « anachoreta in Tuscia, miraculis celeberrimus », m. 1881.

Guillaume Curri, cardinal, m. 1361.

B. Joachim, dit prophète « fundator congregationis Florensis », m. 1190.

Pierre, moine à Longpont, m. 1197.

Henri de Sully, archevêque de Bourges, m. 1200.

Pierre Séguin, célèbre écrivain, m. 1580.

Jérôme de la Souchère, abbé de Clairvaux, m. 1571.

B. Alexandre, convers à Foigny, m. 1217.

Jean de la Barrière, « congregationis Juliacensis institutor », m. en odeur de sainteté, 1600.

Edmond de la Croix, m. 1604.

Jean Caramuel, m. 1606.

Christophe Henriquez, docteur de Louvain, historiographe de l'ordre, m. 1632.

Gaspard Jongelin, écrivain très érudit, m. 1640.

Angele Manrique, auteur des annales de Cîteaux, m. 1644.

Charles de Visch, auteur de la bibliothèque des auteurs de Cîteaux, m. 1648.

Cesarius Heisterbacensis, écrivain célèbre, m. 1225.

Claude Vaussin, abbé de Cîteaux, m. 1670.

Ferdinand Ugellus, abbé de Saint-Anastase, m. 1670.

B. Conrad de Urach, cardinal, abbé de Clairvaux, m. 1227.

Armand Le Bouthillier de Rancé, abbé de la Trappe, m. 1701.

Alexandre Magno, procureur général de l'ordre, m. 1728.

Lazare Lauquet, abbé de Saint-Sulpice, élu à Morimond en 1729, m. 1736.

Et plusieurs autres tableaux au dortoir.

A côté de la sacristie, une table de cuivre avec un écusson portant un chevron et 3 roses, on y lit : *D. O. M. R. D. Caroli Mynault abb. Vallis dulcis, Clarav. antea profes. Cist. ord. vic. gen. 19 O^{bis} 1708 vitâ uncti sub vet. templi ruderibus diruto ejus tumulo ne periret memoria, abb. et conventus Vallis Dulcis pos. an. 1744.*

Au pied du sanctuaire, longue tombe en pierre : au haut, armoiries avec couronne de comte, mitre, crosse, et girons ; on lit : « *Hic jacet rec. in christo pater dominus D. Petrus Rogre Langlée de Champignolle hujus monasterii senior abbas, Pontiniaci professor, holocaustum matutinum obtulit, jugum christi præponens generis nobilitati et splendori. Pluribus monasteriis prior datus, præfuit ac profuit ad hoc monasterium abbas assumptus dirutos ædes, villas solo æquatas, templa a fundamentis restituit, perfectis post annos XXIX destinatis operibus, otium sanctum quæsivit, regimen abdicans, per biennium meditationi mortis unice incumbens vespertinum sanctificium obtulit deo ad quem vocatus est anno 1739, die 24 oct. æt. 82, conv. 64, dignitatis abbat. 31. Piissimo benefactori Fr... Maillart abbas Vallis dulcis et fratres ejus parentantes in luctum posuere.* »

A cent pas environ de Vaux-la-Douce, ledit défunt abbé a fait bastir une chapelle propre pour la desserte de la paroisse des domestiques de l'abbaye, sur quoi Mgr l'évêque de Langres n'inquiéta ni l'abbé ni les religieux, ce qu'il pourrait faire sur la déclaration du roi 1747. En l'abbaye, il y a un portrait du cardinal Fleury. Au bas est ce sonnet

Choisy par un héros pour en former un autre
Il a rendu Louis le modèle des roys :
Aujourd'huy de l'Etat il partage le poids
Immolant son repos pour assurer le nôtre.
L'Eglise trouve en luy le zèle d'un apôtre
Le monarque un appuis de ses augustes droits
Le peuple un père, et vous tant à plaindre autrefois
Pauvres de Jésus-Christ, il est aussi le vôtre ;
Faire au plus indigent un favorable accueil
Au faite des grandeurs en éviter l'écueil,
Joindre à la fermeté la sagesse profonde,
S'attirer de chacun le respect et l'amour,
Se recueillir au sein du tumulte et du monde,
Avant lui qu'a-t-on vu de semblable à la cour ?

De là à l'abbaye de Morimond [1]. La bibliothèque est propre,
bien rangée et curieuse : le dortoir beau, l'église, la sacristie,
le noviciat, l'infirmerie, etc., tout est en ordre. La paroisse
qui est hors du clos régulier est bien desservie par un curé
religieux.

[De Morimond, D. Guyton continua en se rendant aux
prieurés de Droitval et de Montarlot [2], au diocèse de Besançon.]

1. Abbaye cistercienne, fondée en 1115 par Oldéric d'Aigremont, seigneur
de Choiseul. Diocèse de Langres.
2. Il y a deux villages de ce nom dans la Haute-Saône, l'un au canton
d'Arloz, l'autre au canton de Champlitte.

TABLE DES MATIÈRES

www.ingramcontent.com/pod-product-compliance
Lightning Source LLC
Chambersburg PA
CBHW050026100426
42739CB00011B/2799